तितलियों के रंग

(ग़ज़ल-संग्रह)

तितलियों के रंग

शेषधर तिवारी

वाणी प्रकाशन ग्रुप
भारतीय ज्ञानपीठ

वाणी प्रकाशन : भारतीय ज्ञानपीठ की पुस्तकों के एकमात्र प्रकाशक एवं वितरक

लोकोदय ग्रन्थमाला : ग्रन्थांक 1524

सजिल्द पहला संस्करण : 2022
सजिल्द दूसरा संस्करण : 2026

वाणी प्रकाशन : भारतीय ज्ञानपीठ की पुस्तकों के एकमात्र प्रकाशक एवं वितरक

वाणी प्रकाशन
4695, 21-ए, दरियागंज, नयी दिल्ली-110 002
दूरभाष : 011-23273167, 23275710
ईमेल : sales@vaniprakashan.in
www.vaniprakashan.com

ISBN : 978-93-90659-69-2

मूल्य : ₹ 375

तितलियों के रंग
(ग़ज़ल-संग्रह)
शेषधर तिवारी

TITILIYON KE RANG
(Ghazal Collection)
by Sheshdhar Tiwari

मुद्रक : आर. टेक ऑफ़सेट प्रिंटर्स, दिल्ली-110 032

पूज्य पिता जी
स्वर्गीय पंडित दूधनाथ तिवारी को समर्पित

आत्मकथ्य

''तितलियों के रंग'' ग़ज़ल-संग्रह आपके हाथ में है, यह मेरा सौभाग्य है। अपनी तमाम ग़ज़लों से बेहतरीन 100 को चुनना मेरे लिए एक दुष्कर कार्य था जिसे आसान बनाने में भाई द्विजेन्द्र 'द्विज' और मेरे परम मित्र विजय स्वर्णकार जी का आशातीत सहयोग मिला। ग़ज़लों के एक एक मिसरे पर गहन चर्चा आप दोनों ने की और उन्हें बेहतर स्वरूप दिया। इसके लिए धन्यवाद नहीं कहूँगा क्योंकि इससे इनके सहयोग और मेरे प्रति प्रेम-भावना की तौहीन होगी।

डॉ. आदिक भारती जी, जिन्हें मैं सदैव 'सर जी' कह कर संबोधित करता हूँ, ने ग़ज़लों को ठोंक पीट कर उन्हें अंतिम स्वरूप दिया। हर नुक्ते, मिसरे, शेर पर उनकी बारीक़ नज़र पड़ी और पुस्तक अपने अंतिम स्वरूप में आ सकी।

भाई मयंक अवस्थी जी ने मुझे कविताओं से ग़ज़लों की तरफ़ प्रेरित ही नहीं किया बल्कि ग़ज़ल की सभी प्राथमिक जानकारियाँ भी दीं। उम्र में मुझसे छोटे होने के बावजूद भी वे मेरे लिए प्रणम्य हैं।

मेरे स्वर्गीय पिता श्री की आत्मा अति प्रसन्न होगी यह देखकर कि बचपन में जिसकी बाल कहानियाँ और छोटी-छोटी कविताएँ वे 'आज' अखबार में छपवा दिया करते थे उसकी पुस्तक आज आप सबके सामने है। पिताजी ने मेरे अंदर साहित्य के प्रति रुचि पैदा की। उन्हें शत शत नमन्।

आप सबसे अपेक्षा है कि पुस्तक पढ़ने के बाद इसकी सम्यक् समीक्षा अवश्य करेंगे।

—शेषधर तिवारी

प्रयागराज

तितलियों के रंग : एक विशिष्ट कृति

शेषधर तिवारी जी के बहुप्रतीक्षित ग़ज़ल-संग्रह ''तितलियों के रंग'' का प्रकाशन एक महत्त्वपूर्ण घटना है। बेजोड़ साहित्यिक प्रतिभा जब सतत साधना से अनुप्राणित होती है तब उच्च स्तर का साहित्यिक कृतित्व सामने आता है। ग़ज़ल के तमाम पहलुओं को पूरा सम्मान देते हुए उसके रूप-रंग को और निखारना और इस ख़ूबी से निखारना कि वह वर्तमान परिदृश्य में सभी सुधीजनों का ध्यान आकर्षित कर सके, यह इस ग़ज़ल संग्रह में शेषधर जी ने संभव कर दिखाया है। ग़ज़ल के प्रति बढ़ते आकर्षण के कारण पिछले कुछ वर्षों में कई महत्त्वपूर्ण ग़ज़ल संकलन पाठकों के सामने आए हैं। इन संकलनों में भाषा और भाव के स्तर पर बहुत से नए प्रयोग भी देखने मे आए हैं जिससे ग़ज़ल में संभावनाओं के नये द्वार खुले हैं। ''तितलियों के रंग'' में भी ये प्रयोग जगह-जगह हैं—

पढ़े ही जा रही थीं माँ की आँखें
बहुत मुश्किल से बेटी आज सोई

क़ुदरत का हर दांव हमारे हक़ में था
हार गए जब हमने बेईमानी की

मेरे आँगन में धूप आती है ऐसे
कि जैसे वो नवेली ब्याहता हो

शोर शराबे वाले फुटपाथों पर भी
तुम कैसे बेसुध होकर सो पाते हो

शेषधर जी की ग़ज़लों में कहन उल्लेखनीय है। आपने रूढ़ प्रतीकों का सहारा लेकर भी नए कोण से वर्तमान के हाहाकार और आल्हाद को व्यक्त करने की

अद्‌भुत क्षमता दिखाई है।

घर जब धीरे-धीरे मरने लगते हैं
दीवारों पर अक्स उभरने लगते हैं

'कैसे हैं' कोई पूछे तो
'अच्छा हूँ' कहना पड़ता है

सिर्फ़ हँसकर नहीं दिखाओ मुझे
जी रहे हो, यक़ीं दिलाओ मुझे

साहिलों पर बनाते घर कितने
नाव पर ही ठहर गए हैं हम

मिली है अहमियत साँपों को इतनी
सँपेरा विष उगलना चाहता है

बेजोड़ शिल्प इन ग़ज़लों की विशिष्टता है। पंक्तियों में शब्द संयोजन की दुर्लभ कलाकारी है। सटीक शब्दों के उपयोग में ये ग़ज़लें उद्धरणीय हैं।

मेरे अंदर उतरकर मुझको ढूँढ़े
जिसे भी जानकारी हो ख़ला की

दरया अपनी गहराई पर फ़ख़्र न कर
मैं तेरी लहरों पर चलने वाला हूँ

भले ही हाथ जला, तेरी लौ बढ़ाते हुए
मगर चराग़! तू जँचता है जगमगाते हुए

पीकर आता है तो सच कहने लगता है
बेहतर है, कहने सुनने के बाद पिया कर

शेषधर जी के यहाँ एक ओर संवेदनाओं का लबालब सागर है तो दूसरी ओर तार्किकता की ठोस ज़मीन भी है। एक ही ग़ज़ल के ये दो अशआर देखिये—

मैं उस पर इल्ज़ाम लगाऊँगा तो कैसे
उसके पास मेरा ही फेंका पत्थर होगा

मुस्तक़बिल तक की दूरी कैसे तय होगी
जब तक बारे माज़ी अपने सर पर होगा

इसी क्रम में निम्न अशआर देखिये—

मैं बैठा हूँ जिसकी हक़ीक़त की तह में
वो ख़ुश है कि मैं डूबकर मर चुका हूँ

मौत तुम्हारे आने तक जैसे-तैसे
अपनी जान बचाने की कोशिश में हूँ

सहम कर चल रही है नब्ज़ मेरी
उसे लगता है मैं उससे ख़फ़ा हूँ

ग़ज़ल के 400 वर्षों से अधिक के सफ़र में जो भी कहा गया है वह भी पर्याप्त नहीं है, चाहे लबो लहजा वही हो, प्रतीक वही हों, यह सत्य शेषधर जी की ग़ज़लों से सिद्ध हो जाता है। वह महबूब से बात हो, सत्ता से टकराव करते संवाद हों, सूफ़ियाना अंदाज़ हो, हर जगह आपने नई दृष्टि से नए पहलू उजागर किये हैं। यही इस संग्रह की शक्ति है।

शेषधर जी ने पिछले एक दशक में नवोदित ग़ज़लकारों को ग़ज़ल के विभिन्न पहलुओं से अवगत कराने और समुचित अभ्यास के लिए विभिन्न डिजिटल माध्यमों का सदुपयोग करते हुए सतत प्रयास किये हैं। उन प्रयासों का प्रतिफल इस संग्रह में है। इस संग्रह में ऐसे अनगिनत अशआर हैं जो आने वाले समय में जनमानस पर अपनी अमिट छाप छोड़ने में सफल रहेंगे। इस मूल्यवान संग्रह के लिए शेषधर जी बधाई के पात्र हैं।

—विजय कुमार स्वर्णकार
मो : 9958556141

ग़ज़लकार शेषधर तिवारी : एक विशिष्ट कर्मयोगी

जब लोगों की अवकाश प्राप्ति की उम्र होती है उस आयु में यदि कोई स्कूल में दाख़िला ले और उसकी गिनती विशेष और मेधावी विद्यार्थियों मैं की जाए और उसके बाद उसे उस स्कूल के सफल अध्यापकों में भी शुमार किया जाय तो इसे निश्चित रूप से बहुत बड़ी और बहुत प्रेरणादाई उपलब्धि कहा जाएगा। ग़ज़ल के स्कूल में शेषधर जी ने उस समय दाखिला लिया जब उनकी आयु ढलान पर थी लेकिन अपनी अखंड निष्ठा और सतत जिज्ञासा के बल पर उन्होंने बहुत जल्द इस विधा में अधिकारी सृजनकर्ता और सुविज्ञ संयोजक की हैसियत अर्जित कर ली।

इसे उपलब्धि कहिये कि अब उनका संकलन ''तितलियों के रंग'' प्रकाशित हो रहा है और इसे साठ वर्ष की आयु में मैराथन रेस पूरी करने जैसी उपलब्धि कहा जाय तो गलत नही होगा।

जब इस पुस्तक में स्वयं सूरज की रोशनी उपलब्ध है तो टार्च जलाना उचित नहीं लेकिन व्यक्ति शेषधर तिवारी जी के बारे में कुछ अनछुए पहलू जरूर उजागर किए जा सकते हैं और मैं बेहिचक कहूँगा कि यह जीवन के एक अनंतिम योद्धा है क्योंकि जिस स्तर का ज़िंदगी का संघर्ष इन्होंने किया है और जीत हासिल की है वैसा शायद और कहीं देखने को नहीं मिलेगा। किसी दुर्घटना ने इनको लगभग समाप्त ही कर दिया था लेकिन इनकी अपराजेय इच्छाशक्ति का कमाल था कि यह सफलतापूर्वक सामाजिक जीवन में लौटे भी और अपने को पुनर्स्थापित किया और बेहद सम्मानजनक जीवन अपनी अर्हता के दम पर जिया है। इसमें साहित्यिक उपलब्धियों को इसके इलावा शुमार किया जा सकता है।

मेरी नियुक्ति नागपुर में थी और सोशल नेटवर्किंग साइट्स के उत्थान का समय था वह। मैं फेसबुक पर कुछ क्लबों में लिखता था। तब एक दिन तिवारी जी का फोन आया और उनसे उसके बाद हमारी अक्सर लंबी बातचीत शुरू हुई। मैं उसके पिछले 10-15 वर्षों से गजलों का पठन-पाठन कर रहा था इसलिए इस विधा

के बारे में कुछ आवश्यक जानकारी मुझे थी। शेषधर जी इलाहाबाद के सफल और सम्मानित साहित्यकारों में शुमार किए जाते थे लेकिन ग़ज़ल विधा इनके लिए नई थी, लेकिन उनके अंदर एक अहर्निश जिज्ञासु था जो अपराजेय भी था। किसी भी प्रकरण पर वह फोन पर घंटों बात करते थे और ग़ज़ल सीखने की तितिक्षा उनमें इतनी थी जितनी सत्रह अठारह बरस के लड़कों में भी नहीं होती है। क्योंकि साहित्य का प्लेटफार्म उनको उपलब्ध था और कविता कहने में उनको कोई दिक्कत नहीं थी लेकिन फिर भी मुझे संशय था, कि इस उम्र में जब किसी व्यक्ति का विचार तंत्र परिपक्व हो चुका होता है, और उसकी अभिव्यक्ति के लहजे अपने सांचों से बाहर नहीं आ पाते, ऐसे में गजल विधा की अनुमत्य बहरों में अपने विचारों को व्यक्त कर पाना, भाषा के प्रवाह के लिए अनुकूल और सटीक शब्द तलाश कर पाना क्या इनके लिए संभव होगा या नहीं और यहां यह स्पष्ट कर दूँ कि संशय के उसी मोड़ पर मैंने अपने और शेषधर जी के संबंधों को एक विराम दे दिया था, जबकि वह इसे कायम रखना चाहते थे। इसके बाद उनके ग़ज़लकार ने अपने खुद के बूते पर जो प्रगति की उससे निरंतर मेरे उस संशय का शमन भी होता रहा। शेषधर जी निखरते गए, प्रखर होते गए और अभिव्यक्ति के धरातल के नए क्षितिज पार करते गए। बहुत अच्छे सृजन उन्होंने किये, लेकिन उस अल्पकालिक मेरे और अपने संबंध को इन्होंने इतना गौरव और गरिमा दी कि मुझे अपने ख़ुद के उस आचरण पर, कि मैंने उनकी बहुधा बलात उपेक्षा भी की थी, आज मुझे ग्लानि भी होती है। उन्होंने एक कठिन यात्रा को अपनी मेहनत और लगन से बहुत रोचक और सहज बना दिया।

उन्होंने ऐसे ऐसे मिसरे और ऐसे ऐसे शेर कहे जिनको सुनकर कोई विश्वास ही नहीं करेगा इस व्यक्ति ने ग़ज़ल उस आयु में सीखना आरंभ किया था जब लोगों के अवकाश प्राप्ति की उम्र होती है।

व्यक्ति शेषधर जी के अंदर अपनी उपेक्षा और उपालंभ के विष को भी शिव की भांति पी लेने का हुनर है!! अपने भीतर की ग़ज़ल की छोटी सी संभाव्य धारा को भागीरथी बना देने वाले भागीरथ भी वही है, और अपनी वैचारिक परिपक्वता अपने उदार चिंतन के विराट क्षितिज के कारण अपने आलोचकों को लज्जित सा महसूस करवा देने का हुनर भी उनके पास है!! संबंध तोड़ना वो जानते ही नहीं वह सिर्फ़ जोड़ सकते हैं और इसलिए उनसे दूर हुए लोग अफसोस जता कर उनके पास वापस आए हैं। यह ब्राह्मण तत्त्व आज की तारीख में बेशतर ब्राह्मणों में नहीं मिलता।

ग़ज़ल विधा तो मूलत: उर्दू की है लेकिन दुष्यंत कुमार जी के बाद देवनागरी में इस विधा में अन्य सभी विधाओं को पीछे छोड़ दिया है और हिंदी में ग़ज़ल पसंद

किए जाने के कारण बहुत सारे उर्दू के शायर हिंदी समाज में बेहद लोकप्रिय हुए हैं। ऐसे में हिंदी क्षेत्र से आया हुआ उर्दू सीखा हुआ शायर बेशकीमती हो सकता है क्योंकि उसके पास अभिव्यक्ति और भाषा का वह धरातल है जिससे वृहत्तर पाठक वर्ग समझ सकता है स्वीकार कर सकता है और और वैचारिक आदान-प्रदान संप्रेषण और सामाजिक नारों का अपूरण कर सकता है। इस संग्रह में ढेर सारे अशआर बहुत ही उम्दा किस्म के कहे गए हैं।

इन शब्दों को लिखने की प्रक्रिया में इनकी समेकित रचनाओं को एक बार फिर पढ़ने का मौका मुझे मिला और कुछ अशआर कोट करने का लोभ संवरण नहीं कर पा रहा हूँ।

भले ही हाथ जला तेरी लौ बढ़ाते हुए
मगर चराग़ तू जंचता है जगमगाते हुए

यह हम सब अपनी मुखर और प्रतिक्रियावादी नई नस्ल से कह सकते हैं।

मेरे अपनों ने ही गत ऐसी बनाई मेरी
नब्ज चलती है तो दुखती है कलाई मेरी

सानी मिसरा बेहद ख़ूबसूरत है और गिरह भी कमाल है।

मैं तेरे लम्स की शिद्दत से कहीं जी न उठूँ
मेरी तस्वीर को सीने से लगाने वाले

शेर तसवीरी सिफ़त रखता है और मर्म छूने वाला है।

तारीफ़ों के पुल के नीचे
मतलब का दरिया बहता है

बहुत प्रासंगिक है यह ज़बान का शे'र—

तेरी पलकों से तो गिरे हैं हम
आरिज़ों पर ठहर गए हैं हम

इस शेर का उन्वान इस शेर में पोशीदा है और हम उनवान पढ़ सकते है : ''मुंतजिर अश्क''।

समय ख़ुद को बदलना चाहता है
मेरी मर्ज़ी से चलना चाहता है

दो मुक़म्मल मिसरे और उनका ख़ूबसूरत रब्त।

और शे'र किसे कहते हैं?

नहीं है कोई मंजिल तो हुआ क्या
किसी की मिल्कियत है रास्ता क्या

यायवरी का ये आयाम खुद्दारी और बेपरवाही समोए है अपने में।

मुझे ज़िंदगी ने ये समझा दिया
कि दिल से भी ऊपर गिरीबान है

सामाजिक प्रतिष्ठा भावना से ऊपर है, दस्तार गर्दन से ज्यादा महत्त्वपूर्ण है, और साठेत्तर व्यक्ति सामाजिक प्रतिष्ठा की तलवारों के बीच जीता है। वय शेर के इख्तियारों पर प्रभाव रखती है कोई कमसिन शायर होता तो कहता कि मुझे ये सिखाया है तहज़ीब ने कि दिल से भी ऊपर गिरीबान है।

देखने का सही नजरिया रख
चाँद छोटा बड़ा नहीं होता

मेरे वरिष्ठ और मित्र श्री कमल सिंह जी ने कभी एक शे'र कहा था :

हम ही थे कम नज़र कि उसे देख ना सके
वरना पसे-नक़ाब बदस्तूर चाँद था

—कमल सिंह

अर्थात सौंदर्य हमारी दृष्टि और खोज में शुमार होना चाहिए। सत्य आभास का गुलाम नहीं होता :

उम्मीद हमसे आपकी बेजा नहीं मगर
जां है नहीं तो कोई कैसे जांनिसार हो

''रहने दो अभी साग़रो मीना मेरे आगे'' को फैंटेसी कह सकते हैं। शिल्प अपनी जगह लेकिन सच लाजबाव कर देता है और सच है तिवारी जी के शे'र में।

आईने की साफ़गोई देखकर
हम हुए राज़ी संवरने के लिए

बहुत सुंदर शेर। आईने पर हज़ारों शे'र कहे जा चुके हैं। ऐसे में अपने लिए एक नया ज़ाविया तलाश कर लेना बड़ी बात है।

मेरे आंगन में धूप आती है ऐसे
कि जैसे वो नवेली ब्याहता है
हवा फिरती है हर सू पागलों सी
कि जैसे उसका बेटा लापता है

जदीदियत देखिए, गेयता देखिए,और ज़बान का वैभव और विभव देखिए। शानदार शायरी है ये।

इस पुस्तक के लिए यह शब्द लिखने की प्रक्रिया में मैंने उनकी 100 ग़ज़लें पढ़ने का मौका भी प्राप्त किया और यह भी पाया कि उनकी भाषा में एक परिष्कृत और परिमार्जित शिष्ट और भद्र व्यक्ति हमेशा ही संवाद में उपस्थित है। यह विनम्रता उनकी पीढ़ी की है जो आगे पीछे हमारी पीढ़ी भी है।

इस पुस्तक को पढ़ने वालों से अनुरोध है कि जो आरंभ में मैंने लिखा है कि इन्होंने तब शायरी सीखना आरंभ की जब व्यक्ति का मानस भाषा के सांचों को बना चुका होता है और उस समय अभिव्यक्ति का परिवर्तन बेहद मुश्किल होता है। ऐसे में इतनी सुगढ़ और इतनी सुंदर रचनायें मनुष्य की अंतर्निहित संभावनाओं की अनंत परिधियों का भी संकेत देती हैं।

आज भी स्वास्थ्य उनका साथ नहीं दे रहा है इसलिए मेरी हार्दिक कामनाएँ यही है इस पुस्तक के प्रकाशित होने के अल्पकाल में इसका सम्यक मूल्यांकन हो जाए। शायर शेषधर तो ख़ैर बाकमाल हैं ही, व्यक्ति शेषधर अप्रतिम और विलक्षण प्रतीत होते हैं।

असीमित शुभकामनाओं सहित।

मयंक अवस्थी
बी–11
भारतीय रिजर्व बैंक अधिकारी आवास
तिलक नगर, कानपुर, 208002

ताज़ा हवा के झोंके 'तितलियों के रंग'

मुझे ये जानकर अति हर्ष हुआ कि जनाब शेषधर तिवारी जी का शेरी मजमूआ 'तितलियों के रंग' जिसमें उनकी लगभग 100 ग़ज़लें शामिल हैं, शाए होने जा रहा है।

जनाब शेषधर तिवारी जी मेरे सबसे क़रीबी दोस्तों में से एक हैं। उनसे मेरा पहला तआरुफ़ फेसबुक के हवाले से 2011 में हुआ था।

हम दोनों कुछ अदबी ग्रुप्स के सदस्य थे वहाँ उनकी शाइरी को पढ़ने और समझने का अवसर मिला और पहले दिन से मैं उनकी शाइरी का मुरीद हूँ।

उनसे मेरी पहली रूबरू मुलाक़ात नई दिल्ली के सुख़नवर ग्रुप के एक कार्यक्रम में हिंदी भवन में हुई थी और तभी से मैं उनकी शख़्सीयत का भी क़ाइल हूँ। वो सादगी, साफ़गोई और शाइस्तगी की बेहतरीन मिसाल हैं और ये ख़ूबियाँ न सिर्फ़ उनकी शख़्सीयत में नज़र आती हैं बल्कि उनके शिआर और अमल में भी ज़ाहिर होती हैं। बहुत कम लोग हैं जिनसे मैं पहली मुलाक़ात में प्रभावित हुआ हूँ और शेषधर तिवारी जी उनमें से एक हैं।

जहाँ तक उनकी शाइरी का सवाल है तो अगर मन की बात कहूँ तो सटीक और सार्थक शाइरी का दूसरा नाम तिवारी जी हैं। लफ़्ज़ों का तालमेल मिसरों में रवानी और मज़मून की बेसाख़्तगी पुख़्तगी और बेबाकी जो उनके अशआर में नज़र आती है वो बहुत कम देखने को मिलती है और यही ख़ूबियाँ उनको एक पुख़्ता शाइर का रुतबा अता करती हैं।

आज ग़ज़ल के तेवर माज़ी की ग़ज़ल के मुक़ाबिले बहुत बदल चुके हैं। ग़ज़ल के नये रंग को पहचानने और पकड़ने में अच्छे-अच्छे शाइर गच्चा खा रहे हैं। ऐसे में तिवारी जी ने न सिर्फ़ नये रंगों को जाना और पहचाना है अपितु अपनी ग़ज़लों में सलीक़े से जज़्ब भी किया है। उनके अशआर इस पुख़्तगी की जीती जागती मिसाल हैं।

ग़ज़ल में इस्तिआरे (रूपक)...कल्पनायें, शेरीयत, अंदाज़े बयाँ, रवानी वग़ैरा का बहुत महत्त्व है लेकिन बहुत से शाइर इन सब के इस्तेमाल के चक्कर में मफ़हूम (कथन) से समझौता करते देखे गए हैं लेकिन तिवारी जी ने अपनी ग़ज़लों में इन सभी ज़रूरीयात के साथ साथ मफ़हूम को भी मज़बूती से पकड़ कर और जकड़ कर रखा है और यही एक विशेषता उन्हें शाइरी में एक अलग मुक़ाम अता करती है।

वैसे तो तिवारी जी की तमाम ग़ज़लें ही बाकमाल हैं। उन्हीं में से उनके चंद लाजवाब और लासानी अशआर की बानगी देखिये।

सुना है कि आदत बदल सकती है फ़ितरत कभी नहीं बदलती। फ़ितरत पर उनका ये शेर बहुत कुछ कह गया है :

जानते हैं ख़ामियाँ हैं अपनी फ़ितरत में बहुत
लेकिन अब इस उम्र में तो हम सुधरने से रहे

रदीफ़ो काफ़िया का सटीक इस्तेमाल शाइरी की एक अज़ीम अदा है। क़ाफ़िये को कैसे इस्तेमाल किया जाता है ये शेर इसकी बेहतरीन मिसाल है।

ज़ंजीर क़ाफ़िये का इस ख़ूबसूरती से इस्तेमाल वास्तव में क़ाबिले तहसीं है :

तुम्हारी क़ैद में रहना मुझे आराम ही देगा
बशर्ते तुम करो मंज़ूर ख़ुद ज़ंजीर हो जाना

और ये मत्ला उफ़! क्या तर्ज़े बयां है! क्या अंदाज़ है!

ये न हो ज़ख़्म दिल का भर जाये
और तू ज़ह्न से उतर जाये

शाइर का मक़सद सिर्फ़ शेर कहने तक सीमित नही होता। कहीं-कहीं कुछ संदेश या सबक़ देना भी उसके कलाम का एक ज़रूरी हिस्सा है।

सर्व धर्म समभाव पर तिवारी जी का ये शेर इसी मिज़ाज का शेर है :

जिसे जो रास आये, रास्ता कर ले इबादत का
अक़ीदत पर कभी छींटाकशी अच्छी नहीं लगती

शाइर बहुत हस्सास होता है इसीलिए शाइरी कर पाता है, शे'र कह पाता है लेकिन वो एक कैफ़ो मस्ती में भी रहता है और रहना भी चाहिए क्योंकि यही कैफ़ो मस्ती शाइर और शाइरी के लिए ऑक्सीजन का काम करती है। शाइर की इसी मस्ती का आलम देखिये।

किस सादगी और बेसाख़्तगी से तिवारी जी ने ये शे'र कहा है :

जो शाख़े समरदार है दीवार के उस पार
वो मेरे मुक़द्दर में नहीं है तो नहीं है

और तिवारी जी का ये तनहा शेर अनेक अशआर पर भारी है। आज के वक़्त

में ये शे'र बहुत प्रासंगिक है। इस बेहतरीन शेर पर मैं अपने जज़्बात को अल्फ़ाज़ दूँ उससे बेहतर ये है कि आप स्वयं इस शेर का अवलोकन तथा आँकलन कीजिये :

पढ़े ही जा रही थी माँ की आँखें
बहुत मुश्किल से बेटी आज सोई

शाइर अपने कलाम में रूपक और कल्पना के माध्यम से नामुमकिन के भी मुमकिन होने का अहसास कराता है, यही तो शाइर का कमाल है। तिवारी जी का ये शेर इसकी जीती जागती मिसाल है :

पढ़ के मेरी शिद्दते तिश्नालबी
रेत पिघली और पानी हो गयी

ग़ज़ल में मंज़रकशी का अपना एक विशिष्ट स्थान है। हर शाइर ने ऐसे शेर कहे हैं जो ग़ज़ल को एक अलग ही फ्लेवर देते हैं।

मंज़रकशी पर तिवारी जी के ये दो ख़ूबसूरत शेर बेमिसाल और बाकमाल हैं और शेरीयत से लबरेज़ हैं :

धूप शजर की छाया से हौले हौले
मेल मिलाप बढ़ाने की कोशिश में है

मेरे आँगन में धूप आती है ऐसे
कि जैसे वो नवेली ब्याहता है

दौर बदले युग बदले लेकिन क्या इंसान भी वक़्त के साथ बदला? इसका सटीक जवाब तिवारी जी के इस शेर में बख़ूबी झलकता है :

बस यही बदलाव पाया हमने सदियों बाद भी
दौर पत्थर का गया, इंसान पत्थर का मिला

कहते हैं अहले दुनिया को समझाना बहुत दुश्वारी का काम है लेकिन शाइर जब अपने ढंग से बात कहता है तो यही दुश्वारी आसानी में बदलने लगती है। यक़ीन नहीं आता तो तिवारी जी का ये शेर देख लीजिये :

मैं अपने आपको समझा रहा हूँ
तुम्हारी बात ख़ुद से हो गई क्या

ग़ज़ल के अशआर में शेरीयत शर्ते अव्वल है, इस बात को तिवारी जी ने बख़ूबी समझा है, लिहाज़ा उनके ज़ियादातर शेर इस कसौटी पर खरे उतरते हैं। सभी अशआर को यहाँ रक़म करना तो मुमकिन नहीं है लिहाज़ा कुछ चुनिंदा मेयारी अशआर पेश हैं :

पी कर आता है तो सच कहने लगता है

बेहतर है, कहने सुनने के बाद पिया कर

अश्क आँखों में न हों और ख़ुशी भी छलके
हार जाओगे, कभी शर्त लगा कर देखो

मेरे सीने पे रख कर पाँव बढ़ जा
तेरी मंज़िल नहीं मैं रास्ता हूँ

हद हो गयी जब आज मेरे इंतज़ार की
बाहर निकल के मैंने ही दर खटखटा लिये

कौड़ियों के भाव तो बिकना नहीं है
इसलिए नीलाम होना चाहता हूँ

ऐसे हालात भी जिये हमने
और कोई जिये तो मर जाये

मैं तेरे लम्स की शिद्दत से कहीं जी न उठूँ
मेरी तस्वीर को सीने से लगाने वाले

तेरे फ़साने लिखूँगा इस पर
मैं आसमां को बिछा रहा हूँ

मेरा हिलना डुलना भी नामुमकिन है
उसने अपने दिल पर हाथ रखा होगा

दरिया! अपनी गहराई पर फ़ख़्र न कर
मैं तेरी लहरों पर चलने वाला हूँ

आख़िर में बस इतना कहना चाहता हूँ कि इस तहरीर का एक एक लफ़्ज़ दिल की गहराइयों से निकला है। इसमें बनावट का एक भी रेशा नहीं है। तिवारी जी के अशआर पढ़कर जो जज़्बात दिल में उठे उनको क़लम पटल पर अंकित करता गया और ये तहरीर मुकम्मल होती गई।

मैं दुआ करता हूँ कि शेषधर तिवारी जी का ये शेरी मजमूआ आसमान की बुलंदियों को हासिल करे।

मेरी दिली शुभकामनायें उनके साथ थीं, हैं, और हमेशा रहेंगी।

—डॉ. 'आदिक' भारती

12 / 516

बत्रा कॉलोनी सोनीपत

(हरियाणा)–131001

मो. 9255277788

अनुक्रम

1

जिन्हें औरों के चेहरे पर हँसी अच्छी नहीं लगती
उन्हें ताउम्र अपनी ज़िन्दगी अच्छी नहीं लगती

तू अपना ज़ोर[1] मत नाशाद सूरज को दिखा बादल
किसी भी दिलजले को दिल्लगी अच्छी नहीं लगती

खिला रहता नहीं क्यों चाँद यकसाँ[2] जैसे पूनम का
हसीं चेहरों पे फीकी सी हँसी अच्छी नहीं लगती

जिसे जो रास आये, रास्ता कर ले इबादत[3] का
अक़ीदत[4] पर कभी छींटाकशी अच्छी नहीं लगती

ख़ुदा ने दी हमें रूह-ए-मुक़द्दस[5] जिस्म से ढक कर
सबब कोई भी हो बेपर्दगी अच्छी नहीं लगती

जब अफ़सुर्दा[6] हुए बादल तो सूरज भी हुआ मद्धिम
हो दुश्मन ग़मज़दा[7] तो दुश्मनी अच्छी नहीं लगती

हिसार[8]-ए-जिस्म से आज़ाद हो ऐ रूह-ए-पाकीज़ा[9]
पुराने पैरहन[10] में इक परी अच्छी नहीं लगती

---

1. ज़ोर-शक्ति 2. यकसाँ - एक जैसा 3. इबादत - प्रार्थना 4. अक़ीदत - आस्था
5. मुक़द्दस - पवित्र 6. अफ़सुर्दा - दुखी 7. ग़मज़दा - दुखी 8. हिसार - बंधन 9. पाकीज़ा - पवित्र
10. पैरहन - वस्त्र

2

रिदा[1]-ए-हुस्न को ओढ़े शबाब नींद में है
सुरूर ख़ुद का है तारी शराब नींद में है

वो मेरे ख़्वाब में लाएगा कौन सी ख़ुशियाँ
ये वो सवाल है जिसका जवाब नींद में है

बस एक शेर से फैली है बज़्म में ख़ुशबू
अभी ग़ज़ल की मुअत्तर[2] किताब नींद में है

हसीन कितना है मंज़र[3] इसे नज़र न लगे
कली को गोद में लेकर गुलाब नींद में है

मुझे बताएगा इक ख़्वाब, ख़्वाब की ताबीर
अभी मैं जाग रहा हूँ, वो ख़्वाब नींद में है

शबे विसाल[5] के आँसू हैं ओस की बूँदें
लिपट के शब से अभी आफ़ताब[6] नींद में है

सबा न छेड़ उसे देखने दे ख़्वाब हसीं
कि चाँद, डाल के रुख़ पर नक़ाब, नींद में है

---

1. रिदा – चादर 2. मुअत्तर – सुगंधित 3. मंज़र – दृश्य 4. ताबीर – प्रतिफल 5. विसाल – मिलन
6. आफ़ताब = सूरज

3

ये भी मुमकिन है कि हमसे गुनाह हो जाये
ये भी मुमकिन है कि फिर भी निबाह हो जाये

ये भी मुमकिन है कि हो राह जानिबे मंज़िल
ये भी मुमकिन है कि गुमराह राह हो जाये

ये भी मुमकिन है कि मुंसिफ़ गुनाह करने लगें
ये भी मुमकिन है कि क़ातिल गवाह हो जाये

ये भी मुमकिन है कि अहबाब फेर लें नज़रें
ये भी मुमकिन है अदू ख़ैरख़्वाह हो जाये

ये भी मुमकिन है कि दोनों ही ख़ुदकुशी कर लें
ये भी मुमकिन है ख़ुशी से निबाह हो जाये

ये भी मुमकिन है कि बेज़ारियाँ हों क़िस्मत में
ये भी मुमकिन है कि उसकी निगाह हो जाये

ये भी मुमकिन है कि उकताएँ ज़िन्दगी से आप
ये भी मुमकिन है कि जीने की चाह हो जाये

4

भले ही हाथ जला, तेरी लौ बढ़ाते हुए
मगर चराग़! तू जँचता है जगमगाते हुए

यहाँ नहीं है इजाज़त उदास होने की
हमारी बज़्म में आयें तो मुस्कुराते हुए

ख़ुदा करे वो हसीं ख़्वाब नींद में आयें
तुम्हारी पलकें हँसें ख़ुद जिन्हें छुपाते हुए

खुले जो नींद तो अंगड़ाइयों के साथ खुले
न पैरहन[1] का रहे होश हाथ उठाते हुए

वो ग़म के होते तो पलकों पे रोक लेते हम
ख़ुशी के अश्क थे सो ख़ुश रहे बहाते हुए

जवाब तो हमें मालूम हो गया था तभी
झुकाया आपने जब सर नज़र मिलाते हुए

क़रीब इतना ही आयें कि दूरियाँ न बढ़ें
ये एहतियात[2] भी रखियेगा पास आते हुए

---

1. पैरहन – वस्त्र 2. एहतियात – सावधानी

5

ये न हो ज़ख़्म दिल का भर जाये
और तू ज़ह्न[1] से उतर जाये

आ बढ़ा दे मेरी परेशानी
रायगाँ क्यों तेरा हुनर जाये

दावते दिल है आ मकीं हो जा
क़ब्ल इसके कि ये मुकर जाये

तू जो पिघले तो मैं बहूँ जी भर
और दरिया चढ़ा उतर जाये

तेरी तल्ख़ी की लत लगी है मुझे
क्यों मैं चाहूँ कि तू सुधर जाये

हर नफ़स[2] में हो तेरी वो ख़ुशबू
नब्ज़ जिसके लिये ठहर जाये

ऐसे हालात भी जिये हमने
और कोई जिये तो मर जाये

---

1. ज़ेह्न मस्तिष्क 2. नफ़स–साँस

6

मेरे अपनों ही ने गत ऐसी बनाई मेरी
नब्ज़ चलती है तो दुखती है कलाई मेरी

तीरगी में ही जलाना कि मैं हूँ एक चराग़
देखना हो जो अँधेरे से रसाई[1] मेरी

झूठी तारीफ़ों का पीटा यूँ ढिंढोरा मैंने
कोई करता ही नहीं आज बुराई मेरी

क्यों न हो जाऊँ मैं गाँधी के हर इक बंदर सा
दौरे हाज़िर में इसी में है भलाई मेरी

कोई इल्ज़ाम हो ऐसा कि लगे जब मुझ पर
मैं ये महसूस करूँ ये है कमाई मेरी

ज़िन्दगानी की सज़ा काट चुका हूँ कब का
जाने किस बात पे अटकी है रिहाई मेरी

राह पुरख़ार हुई ख़ुद ही मेरी फ़िक्रत में
उससे देखी न गयी आबलापाई मेरी

---

1. रसाई – आपसी सम्बन्ध

7

आबला पा के लिए फूल बिछाने वाले
हम तुझे छोड़ के जन्नत भी न जाने वाले

मैं तेरे लम्स[1] की शिद्दत से कहीं जी न उठूँ
मेरी तस्वीर को सीने से लगाने वाले

तू जो कह दे तो ख़ताएँ वो दुबारा कर लूँ
जिनके अफ़साने नहीं होते सुनाने वाले

किस बिना पर भला उम्मीद-ए-वफ़ा करते हैं
एक ही दिल को कई ठौर लगाने वाले

तेरी तस्वीर जो देखूँ तो उभर आते हैं
फिर वही ज़ख़्म वही दर्द पुराने वाले

सुन के आवाज़ तेरी होश में आये वरना
और कुछ देर थे हम सब को रुलाने वाले

कोई इल्ज़ाम हसीं हो तो लगा दो हम पर
एक हम ही तो हैं यह नाम कमाने वाले

---

1. लम्स – स्पर्श

8

शादमानी[1] ओढ़ कर अपनी परेशानी छुपाये
जिस्म के पर्दे में कब तक रूह उरियानी[2] छुपाये

धड़कनों की एक ही लय पर बिता कर उम्र सारी
ज़िन्दगी ख़ुद ही से कैसे अपनी नादानी छुपाये

तर्क अहसासात से जब हो गया उसका त'अल्लुक
क्यों तसव्वुर में कोई जज़्बात तूफ़ानी छुपाये

बारिशों में रो के जिसने अपने अश्कों को छुपाया
जानता है, कैसे आँखों मे वो तुग़ियानी[3] छुपाये

फ़र्ज़ की जब बात आए पारसा[4] के सामने तो
कैसे वो अपने उसूलों से पशेमानी[5] छुपाये

क्या पता कल हो न हो दुनिया को ये सूरज मयस्सर
जुगनुओ! तुम तो रखो कुछ अपनी ताबानी[6] छुपाये

स्वार्थ और लालच हैं हावी इस तरह इंसान पर अब
ये गुनह करता है अपनी आँख का पानी छुपाए

---

1. शादमानी – प्रसन्नता 2. उरियानी – नग्नता 3. तुग़ियानी – नमी 4. पारसा – सदाचारी 5. पशेमानी – शर्मिंदगी 6. ताबानी – ज्योति

9

दोस्त वही सबसे अच्छा है
जो मुँह पर सच कह देता है

हमने चख कर ही जाना है
सब्र का फल मीठा होता है

तारीफ़ों के पुल के नीचे
मतलब का दरिया बहता है

''कैसे हैं'' कोई पूछे तो
''अच्छा हूँ'' कहना पड़ता है

अज़्मत के दस्तक देने पर
हर दरवाज़ा खुल जाता है

वक़्त ऐसा भी आता है जब
रोना ख़ूब अच्छा लगता है

दुनिया जिसको ठोकर मारे
सुनते हैं आगे बढ़ता है

10

ख़ुश हुए हम उस इंतज़ार के बाद
ख़त्म जो हो गया बहार के बाद

क़र्ज़ क़ुदरत का कर अदा वर्ना
कौन देगा उधार उधार के बाद

कैसे रखते हिसाब ज़ख़्मों का
वक़्त की बेशुमार मार के बाद

प्यार परवान जब चढ़ा तो लगा
और पुख़्ता हुआ है रार के बाद

उनके आने का कुछ नहीं हासिल
ग़म जो आते हैं ग़मगुसार के बाद

कुछ समझ ही नहीं सका बच्चा
क्यों दुलारा गया वो मार के बाद

भागती रहती है डरी मछली
छोड़ दी जाए जो शिकार के बाद

11

कोई मौक़िफ़[1] पसे दीवार नहीं होना था
घर था पुख़्ता इसे मिस्मार नही होना था

उम्र भर ख़ुद जो निगहबान रहे फूलों के
कुछ भी हो जाते उन्हें ख़ार नहीं होना था

हाथ में हाथ तो अख़लाक़ की मजबूरी थी
हमको रुस्वा सरे बाज़ार नहीं होना था

देखकर मुझको हँसा, इल्म मुझे था ये मगर
मोजिज़ा ऐसा हर इक बार नहीं होना था

जो भी थे राज़ हमारे वो ख़बर कैसे बने
आपको घर में ही अय्यार नहीं होना था

इसलिए जानिबे गिर्दाब किया कश्ती को
सह्ल दरिया से हमें पार नहीं होना था

गुनगुनाते रहे बस एक ग़ज़ल यूँ कि हमें
इक समुंदर सा गुनहगार नहीं होना था

---

1. मौक़िफ़ – निश्चय

12

सुकून मिलता है उनसे नज़र मिलाने में
जो वक़्त लेते हैं पलकें झुकी उठाने में

कहा अज़ीज़ हमें और फेर लीं नज़रें
मज़ा तो आया बहुत यूँ फ़रेब खाने में

दिमाग़दार दिलों की अजीब क़िस्म ख़ुदा
बना रहा है मुहब्बत के कारख़ाने में

यक़ीन हो तो बढ़ो हाथ थाम लो मेरा
रखा ही क्या है यूँ रह–रह के आज़माने में

हमारी नब्ज़ को रुकने से रोक सकते हो
तुम्हारा कुछ भी न जाएगा मुस्कुराने में

हमारे पास पहुँच कर रफ़ीक़ उदास हुआ
ज़रा सी देर हुई जब गले लगाने में

जो कामयाब हुए तो फ़क़त मेरे आँसू
किसी के दिल में निहाँ तिश्नगी बुझाने में

13

सितमईजाद! तेरे साथ भी इक पारसा हूँ मैं
लगे हैं सर पे जो पत्थर बस उनको गिन रहा हूँ मैं

मुझे दौरे ख़ज़ां का ज़र्द पत्ता मत समझ लेना
ग़ुबार आलूद हूँ, हालात से लड़कर थका हूँ मैं

कभी राहे अदब में जो रहे थे मील के पत्थर
उन्हें ख़ुद अपनी वक़अत पर फ़सुर्दा देखता हूँ मैं

मुझे जब भी गिराती है मुख़ालिफ़ वक़्त की आँधी
उठाकर जिस्म अपना गर्द उस की झाड़ता हूँ मैं

सुकून आयेगा मुझको जब मुआफ़ी ख़ुद से माँगूँगा
हर इक के वास्ते ख़ुद पर सितम ढाता रहा हूँ मैं

मेरे शानाबशाना[1] ग़ैरमुतअस्सिर[2] खड़े होंगे
तभी मालूम होगा इब्तिदा-ए-इंतिहा हूँ मैं

मेरे सर पर ही ज़िम्मेदारियों का बोझ लाज़िम है
बड़ा बेटा जो इक बीमार बूढ़े बाप का हूँ मैं

---

1. शानाबशाना – अग़ल बग़ल 2. ग़ैरमुतअस्सिर – जो किसी से प्रभावित न हो

14

न तो शोर है न ही ख़ामुशी, किसी गुंग[1] की ये सदा है क्या
तू मेरे ख़ुदा मुझे ये बता, किसी और ढब की फ़ज़ा है क्या

मैं ग़रीब हूँ तू अमीर है, मैं हूँ ग़मज़दा, तू है शादमां
कई बार मुझको लगा है ये, मेरा और कोई ख़ुदा है क्या

मुझे क्या मिलेगा तू ही बता, हैं रक़ीब कितने ये जानकर
तुझे सिर्फ़ अपना ही मान कर, रहूँ ख़ुश अगर तो बुरा है क्या

तेरे रुख़ पे दाग़ तो हैं नहीं, न तलाश कर उन्हें बेसबब
तेरे रुख़ का अक्से हसीं है वो, कभी चाँद ने ये कहा है क्या

मेरी ज़िन्दगी में रहा है तू, मुझे जानता है क़रीब से
कभी आके फिर ये पता तो कर, मेरे ज़ह्न में तू बचा है क्या

तुझे प्यार करता हूँ सच है ये, हूँ ग़ुलाम तेरा ये सच नहीं
तुझे हर नफ़स का हिसाब दूँ, मेरी ज़िंदगी! तू क़ज़ा है क्या

वो जो माहताब है क्या उसे, कभी रौशनी दी उधार में
ये जो चाँदनी में जमाल है, उसे नूर तूने दिया है क्या

1. गुंग – गूँगा

15

नज़र भर मुझे आप अगर देखिएगा
तो चेहरे पे मेरे असर देखिएगा

हिसाब उम्र भर का दिखायेगा चेहरा
रक़म मुश्किलाते सफ़र देखिएगा

मुझे देखियेगा जो नीची नज़र से
उठी आप मेरी नज़र देखिएगा

जो टकरायेंगे उनसे ग़मगीन बादल
पहाड़ों को भी तर ब तर देखिएगा

अगर रात भर ख़्वाब देखेंगे मेरे
सहर से भी पहले सहर देखिएगा

मेरा झूठ भी सच लगेगा यक़ीनन
कभी ख़ैरियत पूछ कर देखिएगा

उसे शुक्रिया आप कहिएगा दिल से
कड़ी धूप में जब शजर देखियेगा

16

कागज़ की कश्ती पर दाँव लगाते हो
तुहमत सारी लहरों को दे जाते हो

हँसते हो तो चेहरा साथ नहीं देता
आख़िर क्यों अपने जज़्बात छुपाते हो

आँखों से अल्फ़ाज़ टपकने लगते हैं
जब मजबूरन ख़ामोशी अपनाते हो

कैसी भी हो आग हमारे बीच मगर
बुझ जाती है इतने अश्क बहाते हो

मुझको देखा करते हो क्या ख़्वाबों में
जो बोझिल पलकों से यूँ शर्माते हो

शोर शराबे वाले फुटपाथों पर भी
तुम कैसे बेसुध हो कर सो पाते हो

मेरी फ़ितरत है लंबी रेखा खींचूँ
तुम नाहक़ ही मुझसे होड़ लगाते हो

17

तेरी पलकों से तो गिरे हैं हम
आरिज़ों पर ठहर ग़ए हैं हम

कभी मर्ज़ी से चलते फिरते थे
अब जहाँ हैं वहीं पड़े हैं हम

जो कभी तितलियाँ पकड़ता था
वो नहीं यार, दूसरे हैं हम

भाव तिनके भी अब नहीं देते
रोज़ ख़ुद ही में डूबते हैं हम

मर्सिया पढ़ के हो लो तुम फ़ारिग़
साँस रोके हुए पड़े हैं हम

साहिलों पर बनाते घर कितने ?
नाव पर ही ठहर गए हैं हम

अलविदा कह के भी न जाने क्यों
रास्ता रोक कर खड़े हैं हम

18

उसको ख़दशा दरबदरी का क्यों कर होगा
सारा आलम ही जिसका अपना घर होगा

जो गहरे पानी में डूब के मर सकती हो
उस मछली का मर जाना ही बेहतर होगा

मैं उस पर इल्ज़ाम लगाऊँगा तो कैसे
उसके पास मेरा ही फेंका पत्थर होगा

इक मंज़िल तक जाने के कितने रस्ते हैं
जिसको है मालूम वही तो रहबर होगा

मुस्तक़बिल तक की दूरी कैसे तय होगी
जब तक बारे माज़ी अपने सर पर होगा

मेरे क़त्ल का इतना जश्न मनाने वाले
तेरी बारी पर क्या जादू मंतर होगा

नाज़ तुम्हें था जिस पर तनहा छोड़ा उसने
पास तुम्हारे 'शेष' मुआविन[1] अख़्तर होगा

---

1. मुआविन – मददगार

19

नहीं है कोई मंज़िल तो हुआ क्या
किसी की मिल्कियत है रास्ता क्या

निकल आया है सूरज, जाग नादां
तेरी ख़ातिर उगेगा दूसरा क्या

चले हो फिर मुक़द्दर आज़माने
तुम्हे ये सिलसिला रास आ गया क्या

जो मेरा था वो अब मेरा नहीं है
पड़े इस फ़र्क़ ही से फ़र्क़ क्या क्या

झुका देते हो सर हर आस्ताँ पर
तुम्हें लगता है हर पत्थर ख़ुदा क्या

चमकता क्यों नहीं मेरा मुक़द्दर
किसी की लग गई है बद्दुआ क्या

जहाँ हँस कर मिले शेख़ और पंडित
वही अब मयकदे का है पता क्या

20

जिसे छू के मैं बारहा जल चुका हूँ
उसी राख़ में ज़िंदगी ढूँढ़ता हूँ

लहू जिनकी आँखों में उतरा है, उनसे
है पानी कहाँ आँख का, पूछता हूँ

नहीं हूँ जकड़ में किसी और की मैं
ख़ुद अपनी ही मुट्ठी में कस कर दबा हूँ

मैं बैठा हूँ जिसकी हक़ीक़त की तह में
वो ख़ुश है कि मैं डूब कर मर चुका हूँ

मेरी बेबसी का ये आलम तो देखो
उसे चुप करा कर मैं ख़ुद रो रहा हूँ

हर इक सुब्ह निकलूँ मैं तामीरे नौ को
हर इक शाम अपना ही घर ढूँढ़ता हूँ

था अपनी ही तस्वीर में क़ैद लेकिन
उसे तोड़कर अब रिहा हो चुका हूँ

21

नींद के बोझ से कुछ सँभलता हुआ
शम्स निकला है फिर आँख मलता हुआ

अब ये जाना कि था संगेमील आज तक
रहनुमा ख़ुद, मेरे आगे चलता हुआ

ख़्वाब मेरे थे शादाब गुल की तरह
क्यों गया वक़्त उनको मसलता हुआ

अपने सोज़े मुहब्बत को क़ाइम रखो
हमने देखा है लोहा पिघलता हुआ

देखिये रौशनी की चकाचौंध में
एक टुकड़ा अँधेरे का चलता हुआ

ग़ौर से देखिए आज इंसान को
कैसा लगता है ख़ुद ही को छलता हुआ

प्यास ख़ुद ही पशेमां हुई देख कर
रेत का इक समुन्दर उबलता हुआ

22

ज़ख़्म का अब नहीं गिला कोई
ऐसे मरहम लगा गया कोई

दोस्ती की न चाह हो जिसमें
ऐसा दुश्मन नहीं मिला कोई

ज़िन्दगी मौत से मिली ऐसे
क़र्ज़ जैसे उतर गया कोई

टीस देती है इसको हर धड़कन
ज़ख़्म रहता है जब हरा कोई

आँसुओं का कहाँ बसर मुमकिन
ख़्वाब आँखों में भर गया कोई

जिस्म को मेरे ज़िन्दगी बख़्शे
दिल सा होगा न दूसरा कोई

अश्क रोकूँ तो फूट जाता है
जैसे आँखों में आबला कोई

23

आइने को तोड़कर चेहरा किसे अच्छा मिला
जब मिला अपना ही चेहरा टूटकर बिखरा मिला

तैरती लाशों को जब देखा तो आया ये ख़याल
ज़िंदगी भर जिस्म को बस बोझ साँसों का मिला

बादलों ने नक़्श दिखलाये कई मुझको मगर
हार कर वो रो पड़े कोई नहीं तुझ सा मिला

शम्स को ठेंगा दिखाकर रौशनी अपनी लिये
तीरगी में भी हर इक जुगनू हमें हँसता मिला

आबरू अपनी बचा या डूब मर ऐ दुश्मनी
हाल पर मेरे, मेरा दुश्मन मुझे रोता मिला

पढ़ रहे थे जब किताब अपने ही माज़ी की तो बस
बालपन का हर वरक़ रंगीन पहले सा मिला

बस यही बदलाव पाया हमने सदियों बाद भी
दौर पत्थर का गया, इंसान पत्थर का मिला

24

दस्तयाबी को झुका ज़र्फ़े शजर तो देखिये
बर्ग के पर्दे में पोशीदा समर तो देखिये

तितलियों के रंग से ख़ाइफ़[1] हैं बच्चे आजकल
मज़हबी तालीम का उन पर असर तो देखिये

मुतमइन है मंज़िले मक़्सूद मिल ही जायेगी
उस मुसाफ़िर का ज़रा अज़्मे सफ़र तो देखिये

क़द्दो कामत की बिना पर आँकिये मत ज़र्फ़ को
सीप के अंदर निहाँ यकता गुहर तो देखिये

रात को अख़बार पर ही सो गए जो चैन से
सुब्ह के अख़बार में उनकी ख़बर तो देखिये

दूसरों के वास्ते जो घर बनाकर शाद है
आप उस ग़ुर्बतज़दा का भी बसर तो देखिये

टूट कर भी सच का साथ उसने कभी छोड़ा नहीं
आइने की सादगी को इक नज़र तो देखिये

---

1. ख़ाइफ़ – भयभीत

25

सज़ा के तौर पर दुनिया को पाना
गुनह कितना हसीं था सेब खाना

रहा अव्वल तेरे हर इम्तिहां में
ख़ुदाया बंद कर दे आज़माना

चढ़े सूरज का मुस्तक़बिल यही है
किसी छिछली नदी में डूब जाना

दलीलें पेश करके थक चुका हूँ
सुना दो फ़ैसला जो हो सुनाना

ख़ुदा मैं पास तेरे आ तो जाऊँ
ज़मीं का क़र्ज़ बाक़ी है चुकाना

तुम्हारी ख़ूबियाँ जब जानता हूँ
तुम्हारी ख़ामियों को क्या गिनाना

समुंदर मौजज़न आँखों में हैं जो
उन्हें दरिया बनाकर क्यों बहाना

26

समय ख़ुद को बदलना चाहता है
मेरी मर्ज़ी से चलना चाहता है

तेरे सोज़े मुहब्बत से तो दिल क्या
वुजूद अपना पिघलना चाहता है

मिली है अहमियत साँपों को इतनी
सँपेरा विष उगलना चाहता है

मनाज़िर मैकदे के देख कर वो
पिये बिन ही सँभलना चाहता है

करो इंसाफ़ वरना दो इजाज़त
लहू मेरा उबलना चाहता है

मुआफ़िक़ हैं मेरे अहवाल सो ग़म
मेरे पहलू में पलना चाहता है

हक़ीक़त जानने के बाद दरिया
समुंदर से निकलना चाहता है

27

दिल तू केवल अपने काम से काम रखा कर
प्यार मुहब्बत की बातों से दूर रहा कर

दुनिया ख़ुद तो जाना चाहेगी मंज़िल तक
तुझको भटका देगी दूजी राह दिखाकर

अपनी-अपनी कश्ती लेकर सब डूबेंगे
फिर भी उतरे हैं सागर में दाँव लगा कर

अपना क्या, डूबेंगे या उस पार उतरेंगे
हर सूरत में नाम शनावर का ही पा कर

ताब किसी में है तो वो ज़ाहिर होगी ही
नाम भले हो सूरज, रवि या शम्स, दिवाकर

आँखों आँखों में होती थी बात मगर अब
लोग समझ जाते हैं, खुल कर बात किया कर

पी कर आता है तो सच कहने लगता है
बेहतर है, कहने सुनने के बाद पिया कर

28

ख़ुशी आँखों में आ कर ऐसे रोई
हँसा हो जैसे बरसों बाद कोई

पढ़े ही जा रही थी माँ की आँखें
बहुत मुश्किल से बेटी आज सोई

मनाएँगे नहीं कह कर गये वो
हमें अच्छी लगी ये साफ़गोई

हिरासत से रिहाई पा गए तो
मेरे अश्कों ने अपनी ज़ात खोई

क़ज़ा अब तू लगा मुझको किनारे
मेरे अपनों ने तो कश्ती डुबोई

गुमां सब को रहा था 'मैं' पे लेकिन
किसी ने भी न अपनी लाश ढोई

जो भूखा सो गया देखी उसी ने
अधूरे ख़्वाब में पूरी रसोई

29

शब्दभेदी बाण है वो इसलिए ख़ामोश रहिये
आप बस चेहरे को उसके देखिए ख़ामोश रहिये

ज़िन्दगी दी, ग़म दिया, दी शादमानी भी ख़ुदा ने
आपको क्या और उससे चाहिए ख़ामोश रहिये

देखिये तो थरथराने लग गये हैं आप के लब
बोलिये मत चंद लम्हों के लिए ख़ामोश रहिये

मन में किसके क्या है ये तो जानना आसां नहीं है
सोच कर इसको दुखी मत होइए ख़ामोश रहिये

पोंछ तो देगा न कोई इसलिए इन आँसुओं को
क्यों दिखाना, दिल ही दिल में रोइए ख़ामोश रहिये

ख़्वाब को करके बयां किसको मिली ताबीर इसकी
इसलिए बेहतर है दिल में पालिए, ख़ामोश रहिए

आख़िरी मंज़िल क़ज़ा है तो भला क्यों फ़िक्र करना
राह चुनिए एक, चलते जाइए ख़ामोश रहिये

30

बशर को ढाई आखर का अगर सद्ज्ञान हो जाए
वही गुरुग्रंथ गीता बाइबिल क़ुर्आन हो जाए

मजाज़ी और हक़ीक़ी का अगर मीज़ान हो जाए
मेरा इज़हार सारा मीर का दीवान हो जाए

जला कर राख़ करना, क़ब्ल उसके ये दुआ देना
कि मेरा जिस्म सारा ख़ुद ब ख़ुद लोबान हो जाए

ख़ुदा को भूलने वालो तुम्हारा हश्र क्या होगा
अगर वो ज़ाहिरन तुमसे कभी अनजान हो जाये

मज़ारें चादरों से ढक गयीं पर ख़ल्क़ नंगा है
हमारे रहनुमाओं वाइज़ों को ज्ञान हो जाए

मेरे हाथों से भी नेकी का कोई काम करवा दे
जहां छोड़ूँ तो मेरा नाम भी उनवान हो जाए

परिंदे मग़रिबी आबो हवा के "शेष" हैं शैदा
कहीं ऐसा न हो अपना चमन वीरान हो जाए

31

ख़ुद से बाहर आने की कोशिश में हूँ
मैं अपने को पाने की कोशिश में हूँ

मौत! तुम्हारे आने तक जैसे तैसे
अपनी जान बचाने की कोशिश में हूँ

जीवन के बदरंग धनक पर फिर से मैं
सातों रंग चढ़ाने की कोशिश में हूँ

नासमझी में नासमझी हो जाती है
ख़ुद को ये समझाने की कोशिश में हूँ

फूलों और हवा में अहद करा कर ही
गुलशन को महकाने की कोशिश में हूँ

अपनी बर्बादी की ख़बरें कैसे भी
उन तक पहुँचा पाने की कोशिश में हूँ

तेरा अक्स उभारें जो इन आँखों में
वो जज़्बात छुपाने की कोशिश में हूँ

32

तेरे तरन्नुम की लय मुअत्तर फ़ज़ा में घुल कर महक रही है
लबों पे तेरे ग़ज़ल हमारी पहन के घुँघरू थिरक रही है

हमारे नज़दीक आते आते हया से गर्दन झुका रहे हो
ये देखकर ही बहुत अदब से गुलों की डाली लचक रही है

तुम्हारे बोसों की राख़ हम जो बुझे लबों से उड़ा रहे हैं
असर से इसके हमारे दिल में दबी सी हसरत दहक रही है

तुम्हारी तल्ख़ी भरी हैं बातें सो थोड़ा लहजा करख़्त सा है
अगरचे आवाज़ पहले जैसे खनक रही थी, खनक रही है

शब-ओ-सहर के ख़मोश बोसे मैं सहन में बैठा सुन रहा था
पुकारा तुमने जो नाम मेरा, लगा कि बुलबुल चहक रही है

हमें ये शक है वो चाँद था जो तुम्हारी खिड़की पे आ गया था
अगर वो तुम थे तो साफ़ सुन लो हमारी नीयत बहक रही है

बताई तुमने जो हद हमारी, हम उसको सख़्ती से मानते है
मगर करें क्या जो हद की सरहद, तुम्हारी जानिब खिसक रही है

33

अगर मंज़ूर कर लो तुम हमारी हीर हो जाना
करें मंज़ूर हम दीवार पर तस्वीर हो जाना

तुझे अच्छी नहीं लगतीं अगर गुस्ताख़ियाँ मेरी
मुनासिब ही है अबरू का तेरी शमशीर हो जाना

अगर हो मुत्मइन, रुतबा है मेरा अह्ले आज़म का
मुझे तुम क़त्ल करना और आलमगीर हो जाना

तुम्हारी क़ैद में रहना मुझे आराम ही देगा
बशर्ते तुम करो मंज़ूर ख़ुद ज़ंजीर हो जाना

तेरे ख़्वाबों के दम पर ज़िंदगी तो काट सकता हूँ
मगर तू वक़्त-ए-आख़िर ख़्वाब की ताबीर हो जाना

हमें ज़हनी तवाज़ुन ठीक रखकर मश्क़ करनी है
कि नामुमकिन नहीं अपना भी ग़ालिब मीर हो जाना

किसी की ख़ूबियाँ बनती नहीं हैं ख़ूबियाँ अपनी
नहीं मुमकिन किसी नापारसा का पीर हो जाना

34

ज़ख़्म को क्यों न फिर हरा करते
जिस्म पर दाग़ ले के क्या करते

ख़ौफ़ था जिसकी बद्दुआओं का
आप उसके लिए दुआ करते

दर ब दर फिर के पाई बेक़द्री
घर न आते तो और क्या करते

जब ख़ता तुमने जान कर की थी
क्यों गिला तुमसे ख़ा-म-ख़ा करते

जो न होती गुलाब में ख़ुशबू
लोग काँटों को क्यों सहा करते

हाल मेरा जो जानते दुश्मन
वे भी मेरे लिए दुआ करते

गर्म था ख़ून जब हमारा ही
फिर तुम्हें कैसे पारसा करते

भूलने को अगर कहा होता
याद कर के इसे हँसा करते

35

बात होती है अयाँ आँख मिला कर देखो
दर्द माँ बाप से तुम अपना छुपा कर देखो

शब की ख़ामोश फ़ज़ा शोर से भर जाएगी
शाख़ पर बैठे परिंदों को उड़ा कर देखो

सोग भाई का किसी को भी रुला सकता है
तुम कभी राम का किरदार निभा कर देखो

ग़म ख़ुशी एक ही सिक्के के हैं दोनों पहलू
एक हो पास तो दूजे को भुला कर देखो

अश्क आँखों में न हों और ख़ुशी भी छलके
हार जाओगे, कभी शर्त लगा कर देखो

धूप में तनहा मुझे देख के ख़ुश क्यों हो तुम
साथ साया है मेरा उसको हटा कर देखो

प्यार पर होता नहीं कोई असर नफ़रत का
आग लगती नहीं पानी में, लगा कर देखो

मुश्किलें आती हैं परवाज़ में ये समझोगे
हाथ में टूटा हुआ पर तो उठा कर देखो

है गुमां तुमको मिटा सकते हो हस्ती सबकी
अपने हाथों की लकीरों को मिटा कर देखो

36

सबब पूछो न क्यों हैरतज़दा हूँ
मैं अपनी चीख सुनकर डर गया हूँ

वही पीछे पड़े हैं ले के पत्थर
मैं जिनकी फ़िक्र में पागल हुआ हूँ

मेरे सीने पे रख कर पाँव बढ़ जा
तेरी मंज़िल नहीं मैं रास्ता हूँ

मुझे अपनों ने क्यों ठुकरा दिया है
ये ग़ैरों से लिपट कर पूछता हूँ

किसी को भी बना सकता हूँ पानी
बज़ाहिर यूँ तो पत्थर दिख रहा हूँ

सबब दरिया है या बेचारगी है
जो पत्थर हो के भी मैं बह चला हूँ

सहम कर चल रही है नब्ज़ मेरी
उसे लगता है मैं उससे ख़फ़ा हूँ

37

तुम्हारा अक्स अगर तुमसा नहीं है
तो आईना ही आईना नहीं है

सहेगा दर्द के पथराव सारे
हमारा दिल ये शीशे का नहीं है

ख़बर लेता है वो औरों से मेरी
बुरा तो है मगर उतना नहीं है

चलो उसको मना लें आज ही हम
कहीं कल कह न दे रूठा नहीं है

गिले शिकवे भी थे बाइस ख़ुशी के
मगर अब हाल पहले सा नहीं है

हमारे हो नहीं तो खुल के कह दो
बिछड़ने से कोई मरता नहीं है

सबब है ख़्वाब-ए-मुबहम[1] का यही बस
तू आँसू पोंछ कर सोता नहीं है

1. ख़्वाब-ए-मुबहम – धुँधले सपने

38

दिया दुख इस क़दर फ़ाक़ाकशी ने
शराफ़त छोड़ ही दी आदमी ने

समुन्दर से निकलने को है दरिया
किया आगाह आँखों की नमी ने

नहीं छूटे हैं उसके दाग़ अब तक
बहुत दिन चाँद को धोया नदी ने

चला हूँ धूप को मुट्ठी में लेकर
बहुत कर ली ठिठोली तीरगी ने

तुम्हारी नीमवा आँखों से शायद
कहा है कुछ दिये की रौशनी ने

तक़ाज़ा-ए-जुनूं है जां से गुज़रें
किया है शक मुहब्बत पर किसी ने

जो हर शय में है उस की जुस्तजू में
कोई काशी गया कोई मदीने

39

पहले उदास रहने की आदत तो डालिये
बाद उसके अपने ज़ह्न से मुझको निकालिये

वक़्अत हमारी आप बस इतने से जान लें
क़ातिल भी ढूढ़ते हैं हमें ख़ूंबहा लिये

हर हाल चाहते हों अगर हक़ में फ़ैसला
यकसाँ हो दोनों ओर वो सिक्का उछालिये

करनी थी ज़ह्नयाब हमें अपनी ज़िंदगी
तो दोस्तों के बीच ही दुश्मन बना लिए

समझा इसे मैं जीत मेरे सब्रो ज़ब्त की
तुमने जो ख़ुद दरीचों से पर्दे हटा लिए

हद हो गयी जब आज मेरे इंतज़ार की
बाहर निकल के मैंने ही दर खटखटा लिए

इतनी सुकून बख़्श है घर की मेरे फ़ज़ा
कुछ पंछियों ने इसमें नशेमन[1] बना लिए

---

1. नशेमन – घोसला

40

कभी जब वो मेरी कहानी लिखेगा
मेरी रूह को अपना सानी लिखेगा

जुदा जब हुआ मुझसे प्यारा सा बचपन
वहीं से वो मेरी जवानी लिखेगा

महकती थी जो मेरे ख़्वाबों में आकर
वो हँस कर उसे रातरानी लिखेगा

जो बचपन जवानी बुढ़ापे से गुज़री
उसी ज़िन्दगी को वो फ़ानी लिखेगा

मेरी ज़िंदगी की हक़ीक़त बयां हो
वो कश्ती के भीतर ही पानी लिखेगा

करेगा वो तारीफ़ अज़्मत की मेरी
''न मैंने कभी हार मानी'' लिखेगा

क़ज़ा से मुलाक़ात का भी हसीं पल
लिखेगा मगर नागहानी[1] लिखेगा

उठेगा मेरे जिस्म से जब धुआँ तो
उसी पर नयी ज़िंदगानी लिखेगा

---

1. नागहानी – अचानक

41

जहाँ जाऊँ मैं अपने सा मुक़द्दर ढूँढ़ता हूँ
हुआ हूँ दर ब दर सो कोई बेघर ढूँढ़ता हूँ

जो दरिया हैं वो अपने वास्ते मुझको तलाशें
समुन्दर हूँ सो अपने सा समुन्दर ढूँढ़ता हूँ

कहाँ से आ रहे हैं अश्क जो रुकते नहीं हैं
मैं अपने में निहाँ कोई समुन्दर ढूँढ़ता हूँ

नहीं डूबा हूँ कैसे ग़म के दरिया में अभी तक
मैं अपने सब्र का पैकर[1], शनावर[2] ढूँढ़ता हूँ

विदा अपनी हुई बेटी तभी से हाल ये है
कि हर बेटी के पैरों में महावर ढूँढ़ता हूँ

जहाँ ख़ुशियों का मेरे हाथ से छूटा है दामन
उसी बचपन को यादों के वरक़ पर ढूँढ़ता हूँ

कहीं आदत न बन जाये बहारों का ये मौसम
तमाज़त में निकल कर बादे सरसर ढूँढ़ता हूँ

---

1. पैकर – मूर्त रूप 2. शनावर – तैराक

42

तुम्हारा दूर होना पास होने सा लगे क्यों
तुम्हारी याद में रोना मुझे अच्छा लगे क्यों

उमीदों का अभी तक क्यों नहीं छूटा है दामन
तुम्हें खोना ज़ियादा की तवक़्क़ो सा लगे क्यों

यक़ीं मुझको तो है मैं पार कर जाऊँगा दरिया
तू ही जाने तुझे मेरा घड़ा कच्चा लगे क्यों

किसी का तल्ख़ लहजा भी सहा जाता नहीं था
तेरा हर दर्द अब दिल को मेरे मीठा लगे क्यों

तेरी सीरत से होते हैं अयाँ किरदार कितने
मगर सूरत से तू अब भी मुझे सादा लगे क्यों

तक़ीया[1] है मगर वाजिब सवाल आता है मन में
हर इक सिक्का हमारा ही हमें खोटा लगे क्यों

ख़ुशी में साथ होती है रफ़ीक़ों की जमाअत
मगर वक़्ते मुसीबत हर कोई तनहा लगे क्यों

---

1. वह बात जो सच हो पर कहने का मन न करे

43

ऐसे ख़्वाबों की बताएगा भला ताबीर कौन
जिनमें शाइर पूछता हो कौन ग़ालिब, मीर कौन

ख़ुदकुशी पर ऐ ख़ुदा सब लोग आमादा हैं क्यों
लिख रहा है आजकल इंसान की तक़दीर कौन

ख़्वाब में देखूँ, तुझे ये भी तो नामंज़ूर था
रख गया फिर मेरे सिरहाने तेरी तस्वीर कौन

फ़ितरत-ए-कोह आज तक हम तो समझ पाए नहीं
गर्म दिन और सर्द शब की दे गया तासीर कौन

रात भर करता है रखवाली वो तारों की मगर
लूट लेता है सवेरे चाँद की जागीर कौन

चारागर तीमारदार अहबाब सब मौजूद थे
ज़िन्दगी को ले गया फिर खोल कर ज़ंजीर कौन

44

कोई शिकवा गिला है ही नहीं अब
मुहब्बत में मज़ा है ही नहीं अब

चलो फिर इब्तिदा पर लौटते हैं
उमीदे इंतिहा है ही नहीं अब

ग़मों के साथ उठता बैठता हूँ
ख़ुशी से साबिक़ा है ही नहीं अब

मज़ा लेना है अब दौरे ख़िज़ां का
चमन में कुछ बचा है ही नहीं अब

रहा करती है हर दम साथ मेरे
मुझे ख़ौफ़े क़ज़ा है ही नहीं अब

रफ़ाक़त में कहाँ है वैसी शिद्दत
बड़ों में बचपना है ही नहीं अब

शरीके जुर्म हो तो ख़ौफ़ कैसा
गुनाहों की सज़ा है ही नहीं अब

45

वो दर को दीवार कर चुका है
यक़ीन करिए सुधर चुका है

नज़र से गिरना है सिर्फ़ बाक़ी
वो हद से अपनी गुज़र चुका है

जो ज़ाहिरन दिख रहा है ज़िंदा
हक़ीक़तन कब का मर चुका है

कोई तो तारीफ़ कर दे उसकी
बहुत ज़ियादा सँवर चुका है

बहेगा जब तो डरेगी दुनिया
वो पी के आँसू यूँ भर चुका है

मुक़ाबला अब करेगा डट कर
वो कुछ ज़ियादा ही डर चुका है

अदू भी उसके हुए हैं ग़मगीं
जो क़ब्र में आज उतर चुका है

46

वो तिनका भी मेरा सहारा न था
जिसे ख़ुद मयस्सर किनारा न था

सिवा दर्द के कोई चारा न था
यूँ ही ज़ख़्म मैंने उभारा न था

अदब ने दिलाया वहाँ भी मुक़ाम
जहाँ एक दिन भी गुज़ारा न था

कभी रात ने दिन को देखा नहीं
उजाला जो उसको गवारा न था

ख़ुशी भी तो रुसवा हुई मेरे साथ
अकेला ही मैं ग़म का मारा न था

हर इक फूल से ख़ार पूछा किये
कि ख़ुशबू पे क्या हक़ हमारा न था

सब इम्दाद लेकर खड़े थे वहाँ
जहाँ कोई भी बेसहारा न था

47

शरर बाक़ी है ख़ुद को मत जला तू
हमारी राख़ को मत दे हवा तू

अगर पानी पे चलना सीखना है
तो फिर लहरों को ही कश्ती बना तू

मयस्सर थीं तुम्हें क़ुदरत से साँसें
मनाही हो गयी तो मर गया तू

शनासा भी बदल लेते हैं रस्ता
मेरे माथे पे ये क्या लिख गया तू

परिंदे बुन रहे हैं जाल मिलकर
शिकारी ख़ैर अब अपनी मना तू

खड़ी है मुंसिफ़ी आईन ले कर
वो नाबीना है, आँखें मत दिखा तू

कहा करता था मुझको जान अपनी
मैं ज़िंदा हूँ तो कैसे मर गया तू

48

नीमवा आँखों ने कह दी वो कहानी बेज़ुबानी
दरमियानी दूरियाँ जब कम हुई थीं नागहानी

मुब्तिला थी लौ दिये की रौशनी की साज़िशों में
जो हमारी धड़कनों की कर रही थी तर्जुमानी

तेरे दिल की आहटें मुझको सुनाई दे रही थीं
और भरती जा रही थीं मेरे दिल में बदगुमानी

मैं उरूजे बख़्त पर हैरान आख़िर क्यों न होता
यक ब यक आसान कैसे हो गयी थी ज़िंदगानी

मुतमइन कब तक रहोगे रेत में गर्दन छुपा कर
मौत ग़ैबी[1] है किसी दिन आयेगी वो नागहानी

ज़ख़्म हँसते हैं ख़ुद अपने दर्द की बेचारगी पर
पूछते भी हैं रगों में ख़ून है तेरे कि पानी

कुछ नहीं सूझा तो मैंने कर लिया बदरंग ख़ुद को
साख पर तेरी मुझे करनी थी कुछ तो मेहरबानी

---

1. ग़ैबी – ईश्वर प्रदत्त

49

मुफ़लिसी के काँधे पर बोझ है जवानी का
आबरू का लुटना ही अंत है कहानी का

पैरहन उदासी का हुस्न जब भी पहनेगा
अब्र आ के पूछेंगे हाल ख़ुश्क पानी का

चल उसी किनारे पर जो अभी नहीं डूबा
बस ख़याल रखना है शिद्दत-ए-रवानी का

जिस्म की कई बातें रूह को नहीं भातीं
सच यही मुसल्लम[1] है सब की ज़िंदगानी का

हाँ, मेरे मुक़द्दर में ख़्वाब देखना है बस
शाद[2] हूँ कि इसमें तो हक़ है हक़ बयानी का

मुख़्तलिफ़[3] बयां मेरे शक्ल में हैं ऊला की
साथ चाहिए सबको मुन्फ़रिद[4] से सानी का

ख़ुश हैं देखकर चेहरा पर बता करें क्या हम
तेरी पलकों पर आये अश्के नागहानी[5] का

---

1. मुसल्लम-सर्वमान्य 2. शाद - प्रसन्न 3. मुख़्तलिफ़ - विभिन्न 4. मुन्फ़रिद - अद्वितीय
5. नागहानी - अचानक

50

कभी मैं दिल की दवा रहा हूँ
मगर अब आँसू बहा रहा हूँ

तेरे फ़साने लिखूँगा इस पर
मैं आसमां को बिछा रहा हूँ

मैं आँसुओं से भरूँगा इसको
अभी समुन्दर सुखा रहा हूँ

तुझे मनाऊँगा बाद इसके
अभी तो ख़ुद को मना रहा हूँ

बुझाये आकर जिसे हो दरकार
मैं दिल को अपने जला रहा हूँ

थका हुआ है भले मेरा दिल
मैं काम इसी से चला रहा हूँ

ये हो न जाए ग़मों से बेहिस
मैं दिल को पैहम रुला रहा हूँ

51

इक राह के मुसाफ़िर, हम भी हैं आप भी हैं
इक मुश्त ख़ाक आख़िर, हम भी हैं आप भी हैं

अपने अलग ख़ुदा हैं, है मुख़्तलिफ़ परस्तिश
इस ज़ाविये से काफ़िर, हम भी हैं आप भी हैं

माँगें इबादतों के बदले में नेमतें हम
इस तर्ह एक ताजिर, हम भी हैं आप भी हैं

इस जिस्म पर है हमको कितना ग़ुरूर लेकिन
सोचें तो बस अनासिर, हम भी हैं आप भी हैं

पहचान ऐसी पाई हमने जहां में आकर
समझें तो इक मुहाजिर, हम भी हैं आप भी हैं

हम को गिला है रब से, है आपको भी शिकवा
क्यों दर पे उसके हाज़िर, हम भी हैं आप भी हैं

मिट जाएँगे किसी दिन सब दाग़ चन्द्रमा के
इसके लिए तो साबिर हम भी हैं आप भी हैं

---

1. साबिर – दैवीय शक्ति पर विश्वास करने वाला

52

मन मिलते हैं लेकिन बात नहीं होती
बादल घिरते हैं बरसात नहीं होती

जिस शब कोई ख़्वाब हक़ीक़त बन जाये
उससे अच्छी कोई रात नहीं होती

फ़िरक़ों में तक़्सीम न हों इब्ने आदम
और कोई इंसां की ज़ात नहीं होती

जो सब को आँसू दे उसके हिस्से में
ग़ैबी नेमत की सौग़ात नहीं होती

आख़िरकार बशर तस्लीम करेगा ही
उसकी रत्ती भर औक़ात नहीं होती

रिश्तों को हर हाल निभाया जाता है
अपनों में तो शह और मात नहीं होती

वक़्ते रुख़्सत तुमने जो माथा चूमा
ये ऐसी वैसी सौग़ात नहीं होती

53

सिर्फ़ हँस कर नहीं दिखाओ मुझे
जी रहे हो, यक़ीं दिलाओ मुझे

तुम तो इतने क़रीब हो उसके
ज़िन्दगी से कभी मिलाओ मुझे

ख़त तुम्हारे हैं ज़िन्दगी मेरी
ख़ुद ही जल जाएँगे जलाओ मुझे

दाम ख़ुद ही अदा न कर पाओ
क़ीमती इतना मत बनाओ मुझे

तुमको ख़ुश देखकर ख़ुशी होगी
आज़माओ हुनर, रुलाओ मुझे

ख़ामुशी सुन सके सदा शायद
तुम जहाँ हो वहीं बुलाओ मुझे

अर्श से फर्श पर पड़ा हूँ मैं
झुक के उठ पाओ तो उठाओ मुझे

54

यहाँ चर्चा बहुत है रौशनी का
मगर चेहरा नहीं दिखता किसी का

सराबों पर यक़ीन आने लगा है
मिले शायद वहीं हल तश्नगी का

अँधेरा देखिये दीपक के नीचे
भरम क़ायम रहेगा रौशनी का

उठाकर आँख भी देखा न उसने
सबब पूछा जो मैंने बेदिली का

हुआ है एकतरफ़ा इश्क़ कैसे
समुन्दर से है क्या रिश्ता नदी का

किसी के वास्ते क्यों जान देना
मज़ा जी कर ही लो ना ख़ुदकुशी का

उसे मंज़िल की पर्वा किस लिए हो
जो क़ाइल है तुम्हारी रहबरी का

55

हमारे वस्ल से वो जल रही थी
उदासी रात भर बेकल रही थी

सुकूं ग़ायब हुआ चेहरे से उसके
जो देखा नब्ज़ मेरी चल रही थी

गले मिलकर गला काटा फिर उसने
वही फ़ितरत दिखी जो कल रही थी

तसव्वुर में हमारे है मुक़य्यद
वही जो आजतक ओझल रही थी

मेरे अश्कों में ढल कर बह गयी है
अना जो बेसबब ही पल रही थी

न थी तज्हीज़ों तकफ़ीं[1] की ज़रूरत
वो अपनी आग में ही जल रही थी

विदा की थी यही साअत मुक़र्रर
जुदाई तय थी लेकिन टल रही थी

---

1. तज्हीज़ो तकफ़ीं – अंतिम क्रिया का सामान

56

माँ की नज़र में आज तक बच्चा रहा हूँ मैं
खोकर उसे नागाह[1] बूढ़ा हो गया हूँ मैं

जब क़त्ल अपनी ख़्वाहिशों का कर चुका हूँ मैं
फिर किस बिना पर आज क़िस्मतआज़मा हूँ मैं

इंसाफ़ हो पर ज़ह्न में ये मसअला रख कर
इस शह्र में क्या आख़िरी क़ातिल बचा हूँ मैं

जिसके गले लग जाऊँ हो जाता है मुझसे दूर
जैसे किसी रंजूर दिल की बद्दुआ हूँ मैं

मुझसे हसद में मुब्तिला को भी है ये मालूम
अपनी मशक़्क़त और अज़्मत का सिला हूँ मैं

है फ़िक्र सब की इस क़दर, ख़्वाबों में भी अब तो
ख़ुद को परीशां हाल अक्सर देखता हूँ मैं

दुनिया की बीनाई से उठता है यक़ीं मेरा
जब ख़ुद को बन्द आँखों से उरियाँ देखता हूँ मैं

1. नागाह – अचानक

57

वो फिर से जुड़ेंगे ये इमकान है
अभी चाक रिश्तों में कुछ जान है

नहीं है कोई कारवाँ मेरे साथ
ये तनहा सफ़र का ही सामान है

तुम आँसू की उस बूँद को पोंछ दो
जो पलकों पे आ कर पशेमान है

हवाओं का रुख़ तूने समझा नहीं
तभी ज़िंदगी में ये तूफ़ान है

मुझे ज़िंदगी ने ये समझा दिया
कि दिल से भी ऊपर गिरीबान है

ज़ुबां इक मगर कान दो हैं मिले
ख़ुदा का निहाँ इसमें फ़रमान है

भरोसा नहीं था जिसे ख़ुद पे ही
वो मंज़िल को पा कर भी हैरान है

58

बासबब बदनाम होना चाहता हूँ
गुल है तू, गुलफ़ाम होना चाहता हूँ

दर्द है तो दाइमी रह साथ मेरे
मैं तेरा आराम होना चाहता हूँ

वस्ल की उम्मीद में क्यों ख़ुश रहूँ मैं
इश्क़ में नाकाम होना चाहता हूँ

बेसबब दाने न कर सय्याद ज़ाये
ख़ुद ही ज़ेरे दाम होना चाहता हूँ

तूने आग़ाज़े रफ़ाक़त ख़ुद किया था
मैं तो बस अंजाम होना चाहता हूँ

कौड़ियों के भाव तो बिकना नहीं है
इसलिए नीलाम होना चाहता हूँ

ख़ास हो कर तो न उनका हो सका मैं
इसलिए अब आम होना चाहता हूँ

59

नाख़ुदा[1] ही जब सफ़ीना[2] ले चला गिर्दाब[3] में
अब करे तकिया[4] तो किस पर ज़िन्दगी सैलाब में

यूँ बुरा लहजा तेरा इतनी करख़्त[5] आवाज़ है
जैसे बातें आ रही हों डूबकर तेज़ाब में

शम्स! अपने को छुपाकर देखना तो था कभी
रौशनी बाक़ी बची रहती है क्या महताब में

ग़म सभी अपने छुपाकर मुस्कराते जाइये
ताप की शिद्दत निहाँ होती नहीं सीमाब[6] में

ज़िन्दगी से जब सभी रंजूर[7] हैं तो किसलिए
ढालते हैं अपनी शख़्सीयत को यूँ नव्वाब में

मैं सहारे फिर उसी दीवार के बैठा हुआ
ख़ुश हूँ बाहों में लिए तुझको ही अपने ख़्वाब में

क्या ज़रूरत है करे इंसां कोई रिश्ता ख़राब
जब कि ख़ुशियाँ हैं मयस्सर[8] बंदगी आदाब में

---

1. नाख़ुदा – नाविक 2. सफ़ीना – नाव 3. गिर्दाब – भँवर 4. तकिया – भरोसा 5. करख़्त – कर्कश 6. सीमाब – पारा 7. रंजूर – दुखी 8. मयस्सर – उपलब्ध

60

ये वक़्त भी कट जाएगा मुझको ये यक़ीं है
साबित जो अभी पाँव के नीचे की ज़मीं है

इक मेरी भी मुमताज़ है ऐ ताजमहल सुन
दिल में जो मेरे शादमां ज़िंदा ही मकीं है

जो शाख़े समरदार है दीवार के उस पार
वो मेरे मुक़द्दर में नहीं है तो नहीं है

है जिस्म मेरा ख़ून से आलूद भले ही
दस्तार का हर पेच मेरे सर पे वहीं है

रखनी हो ख़बर तुझको अगर दोनों जहां की
जन्नत का पता ढूँढ़ ले दोज़ख़ तो यहीं है

देखे तो कोई अहले मुसव्विर के हसीं नक़्श
इनमें ही छुपा मेरा गुनहगार कहीं है

तेरी ही दुआओं से हैं महफ़ूज़ शब-ओ-रोज़
माँ तेरे ही क़दमों में तो फ़िरदौस-ए-बरीं[1] है

1. फ़िरदौस-ए-बरीं - स्वर्ग का बागीचा

61

ग़मगीन थे जो पाँव में ज़ंजीर देखकर
ख़ुश हैं हमारे हाथ में शमशीर देखकर

यूँ एहतियात से न था जीना हमें क़ुबूल
बदले हैं हम तो वक़्त की तासीर देखकर

देखे हसीन ख़्वाब कई मैंने इन दिनों
हैरान हूँ अब उनकी ही ताबीर देखकर

ख़ामोश झील में कोई पत्थर न फेंक दे
शादां बचे हुबाब की तक़दीर देखकर

मुंसिफ़ ने जब दिया था मेरे हक़ में फ़ैसला
ग़मगीं हुआ फ़रीक़ की मैं पीर देखकर

बसने को इसमें लोग हैं तैयार आजकल
ख़ुश हैं हमारे प्यार की जागीर देखकर

मुंसिफ़ के सामने ही तो पूछो न हालचाल
रो दे न मेरी आँखों की तहरीर देखकर

62

कमी अहबाब की खलने लगी क्या
तुम्हारी आस्तीं तुम पर हँसी क्या

कहा है वक़्त से ये झुर्रियों ने
हमें तू कर सकेगा मुल्तवी क्या

सुना है आजकल मायूस हो तुम
हमारी फ़िक्र फिर होने लगी क्या

सुना है आप भी रहने लगे ख़ुश
शराफ़त आपने भी छोड़ दी क्या

हवायें ख़ुश्क हैं सहरा में हर सू
सराबों पर रक़म है "तिश्नगी" क्या

ख़ुदा! दर पर तेरे आया है काफ़िर
जली रस्सी की ऐंठन भी गयी क्या

मैं अपने आपको समझा रहा हूँ
तुम्हारी बात ख़ुद से हो गई क्या

63

हर वरक़ का शबाब हो जाऊँ
इक मुकम्मल किताब हो जाऊँ

मैं बज़ाहिर ख़राब हो जाऊँ
आब से मैं शराब हो जाऊँ

शिद्दते तिश्नगी से मैं पिघलूँ
और फिर आब आब हो जाऊँ

बीच ख़ारों के ही जो रहना है
क्यों न मैं भी गुलाब हो जाऊँ

चाँद मुझसे भी रौशनी माँगे
मैं नया आफ़ताब हो जाऊँ

तेरी फ़ितरत है ख़्वाब में आना
मैं हक़ीक़त से ख़्वाब हो जाऊँ

रूह जब है तुझी में वाबस्ता
क्यों न तेरा हिजाब हो जाऊँ

64

इक गुनह जो हुआ नहीं होता
ये जहां ही बसा नही होता

नाम बेटे का रख दिया सूरज
क्यों कि घर में दिया नहीं होता

मैं अज़ाबों से हो के गुज़रा हूँ
कैसे कह दूँ ख़ुदा नहीं होता

देखने का सही नज़रिया रख
चाँद छोटा बड़ा नहीं होता

नाउमीदी के पाँव में बेशक
एक भी आबला नहीं होता

दर्द का कुछ इलाज कर मौला
अब ये बढ़ कर दवा नहीं होता

इश्क़ अंजाम तक पहुँचता तो
कोई आशिक़ फ़ना नहीं होता

65

मुझसे जान छुड़ाने की कोशिश में है
रूह मेरी घर जाने की कोशिश में है

बादल दरिया सागर से होकर पानी
अपनी प्यास बुझाने की कोशिश में है

तूफ़ां लिखकर और मिटाकर कश्ती पर
माँझी नाव बचाने की कोशिश में है

मुझको है मालूम, मेरे दिल की धड़कन
किस मंज़िल को पाने की कोशिश में है

धूप शजर की छाया से हौले हौले
मेल मिलाप बढ़ाने की कोशिश में है

मुश्किल है बतलाना वज्ह उदासी की
वो हँस कर दिखलाने की कोशिश में है

सुर्ख़ी ओढ़े यूँ ही चाँद नहीं निकला
ख़ुद सूरज बन जाने की कोशिश में है

66

वादे पे मेरे इतना उसे ऐतबार हो
मैं भूल जाऊँ तो भी मेरा इंतज़ार हो

ऐजाज़े मोजिज़ा को मैं तस्लीम तब करूँ
दौरे ख़िज़ां में जो कभी फ़स्ले बहार हो

ऐसे हसीं गुनाह की तौफ़ीक़ दे ख़ुदा
मुन्सिफ़ जो दे सज़ा मुझे तो ज़ार ज़ार हो

रोने पे मेरे जो न हुआ था उदास भी
दिल चाहता है वो ही मेरा ग़मगुसार हो

कैसे कटेगी ज़िन्दगी उसकी बताइए
जिसके नसीब में न अदू हो न यार हो

मैं एहतराम कैसे करूँ उस रफ़ीक़ का
मेरी ख़ुशी को देख के जो सोगवार हो

उम्मीद हमसे आपकी बेजा नहीं मगर
जां है नहीं तो कैसे कोई जांनिसार हो

67

बहुत उकता चुके हैं हम ख़ुशी से
चलो मिलते हैं अब नाराज़गी से

उदासी का सबब उनसे जो पूछा
हमें देखा बड़ी हैरानगी से

हमें इंसान क्यों कहते नहीं हैं
चलो पूछें ये पंडित मौलवी से

गले मिल यार मेरे मुस्कराकर
घुटा जाता है दम संजीदगी से

हम अपनी मौत को ठुकरा चुके हैं
हमारा क़ौल है कुछ ज़िंदगी से

अज़ाब ऐसे भी देखे हैं कि आँखें
जला देती हैं ख़्वाब अपनी नमी से

लिए फिरता है जो ईमां की गठरी
नहीं टूटा है क्या फ़ाक़ाकशी से

68

हम ज़मीं पैरों के नीचे की बचाते रह गये
और जायज़ ख़्वाहिशों को भी दबाते रह गये

जुगनुओं ने हो के यकजा दी चुनौती शम्स को
हम चिराग़ अपनी जगह बस टिमटिमाते रह गये

ज़िंदगी! तूने कही थी जो हमारे वास्ते
उस ग़ज़ल को उम्र भर हम गुनगुनाते रह गये

तू हमारी बेबसी को भी समझता है गुनाह
और हम तेरे गुनाहों को छुपाते रह गये

बाग़बां की शह पे गुलचीं ले गया शादाब गुल
और हम हर फूल पर नज़रें फिराते रह गये

ग़म हमें भी हद से ज़ाइद था तुम्हारी मौत का
हम रक़ीबों को मगर ढाढ़स बँधाते रह गये

ढूँढ़ कर नाकामियाँ हम तक पहुँचती ही रहीं
नक़्श हम अपने कफ़-ए-पा[1] के मिटाते रह गये

1. पाँव का तलवे

69

झील की गहराई को देख रहा हूँ मैं
इस की ख़ामोशी को देख रहा हूँ मैं

टूटेगा जब आसमान तो क्या होगा
पर्वत में राई को देख रहा हूँ मैं

प्यास बुझाने में नाकाम समुंदर के
बेपानी पानी को देख रहा हूँ मैं

हिर्स-ओ-ख़ुदग़रज़ी[1] सब की हो गयी अयाँ[2]
अपनी हैरानी को देख रहा हूँ मैं

मन को ठंडक देता है उनका दीदार
बाबा बर्फ़ानी को देख रहा हूँ मैं

चाहे जितने लोग गिर्द हों जम'अ मगर
तेरी तनहाई को देख रहा हूँ मैं

आँखें सारी देख रही हैं तुम्हें मगर
उन की उरियानी[3] को देख रहा हूँ मैं

---

1. हिर्स-ओ-ख़ुदग़रज़ी - स्वार्थ और लालच 2. अयाँ - स्पष्ट 3. उरियानी नग्नता

70

तसव्वुर का जब इस्तिआरा किया
तो दीदार हमने तुम्हारा किया

मेरे साथ साहिल भी रोता रहा
समंदर को हमने ही खारा किया

भले बाप क़दमों में कर ले जहां
पर औलाद से अपनी हारा किया

दुआओं की तासीर मत पूछिए
इन्हीं के सहारे गुज़ारा किया

रगे ज़र्फ़ ताक़दीर थी अब्र की
मुख़ालिफ़[1] हवा ने ख़सारा[2] किया

सफ़र में नहीं था कोई मो'तबर
तो ख़ुद ही को मैंने गवारा किया

बहुत भा गयी थी सज़ा इसलिए
वही जुर्म हमने दुबारा किया

---

1. मुख़ालिफ़ – विपरीत 2. ख़सारा – नुकसान (घाटा)

71

बस एक ख़ता की जो, सौ बार सज़ा दोगे
इस तर्ह तो तुम अपनी, हस्ती ही मिटा दोगे

हालात से घबरा कर, जब मौत मैं माँगूँगा
फ़ितरत है तुम्हारी ये, जीने की दुआ दोगे

ख़्वाहिश है तुम्हें अपना, हमराज़ बनाने की
डरता हूँ कि तुम अपने, सब राज़ बता दोगे

ताबीर की ख़्वाहिश में, कुछ ख़्वाब जो देखेंगी
आँखों की ख़ताओं की, नींदों को सज़ा दोगे

तुमको हो मसर्रत तो, माँगू मैं क़ज़ा ख़ुद ही
लेकिन ये करो वादा, मरने की दुआ दोगे

दरिया में रवानी का, बाइस हैं मेरे आँसू
तुमसे जो बताऊँगा, तो हँस के उड़ा दोगे

मालूम न था तुमको, शादां हूँ अभी तक मैं
अब जान गये हो तो, क्या ज़ख़्म नया दोगे

72

अगर आँसुओं का सहारा न होता
ग़मों का जहां में गुज़ारा न होता

जो गर्दिश में अपना सितारा न होता
तो दिल टूट कर पारा पारा न होता

अगर जुर्म को जुर्म तुम मान लेते
वही जुर्म तुमसे दुबारा न होता

बहाती न आँसू जो रुस्वा नदी तो
समुन्दर कभी इतना खारा न होता

अगर भूलता अपनी औक़ात दरिया
तो साथ उसके कोई किनारा न होता

मैं ख़ुद ही तेरे पास आता पलटकर
अगर तूने मुझको पुकारा न होता

फ़न-ए-शायरी जो न आता अमल में
तसव्वुर[1] का फिर इस्तिआरा[2] न होता

---

1. तसव्वुर - कल्पना 2. इस्तिआरा - मूर्त्त रूप देना

73

अब मुताबिक़ आपके हम तो सँवरने से रहे
रूबरू ख़ुद के हैं आईनों से डरने से रहे

जानते हैं ख़ामियाँ हैं अपनी फ़ितरत में बहुत
लेकिन अब इस उम्र में तो हम सुधरने से रहे

आइना रखने लगे हैं वो हमारे सामने
सज सँवर कर भी जो रत्ती भर निखरने से रहे

झाँकिये ईमान से, अपने गिरेबां में कभी
आप, अपनी ख़ामियों से, फिर मुकरने से रहे

दिल समुंदर है मेरा, बेहतर है आकर डूबिये
आप दरिया हैं तो वैसे भी ठहरने से रहे

गो कि तिनका हूँ, तो मुमकिन है किनारे जा लगूँ
वरना जो बेअज़्म हैं वो पार उतरने से रहे

यूँ मग़ज़मारी न करिए ख़ुदसरों के साथ 'शेष'
आपके कहने से ये परवाज़ भरने से रहे

74

ज़िन्दगी आबाद करने के लिए
लोग हैं तैयार मरने के लिए

आइने की साफ़गोई देख कर
हम हुए राज़ी सँवरने के लिए

ख़ुदसरी अपनी ही ज़िम्मेदार है
एक साये से भी डरने के लिए

मुन्तज़िर घर के दर-ओ-दीवार हैं
ग़म को ही ग़मख़्वार करने के लिए

दिल! रज़ामंदी ज़रूरी है तेरी
हम तो राज़ी हैं सुधरने के लिए

वक़्त थोड़ा चाहिए ख़ुशियों को भी
पैकर-ए-ग़म पर उभरने के लिए

देखकर मुझको तेरी आँखें हैं नम
कम है क्या ग़म से उबरने के लिए

75

दुश्मनी अक्सर रही है दोस्ती के साथ साथ
ये बढ़ी है बेयक़ीनी बेहिसी[1] के साथ साथ

कौन है अपना बस इतना जानने के वास्ते
दूर तक चलना पड़ा है ज़िन्दगी के साथ साथ

चश्मेबातिन[2] कर अता तू ऐ ख़ुदा जिससे कि हम
देख लें इंसान को भी आदमी के साथ साथ

वक़्त-ए-बद आया तो जाना वो मेरा अपना ही था
मुद्दतों चलते रहे जिस अजनबी के साथ साथ

ख़्वाहिशें अपनी बढ़ाना क्यों समुंदर की तरह
तिश्नगी बढ़ती है जिसकी हर नदी के साथ साथ

ख़ालिक़-ए-कौनो-मकां[3] हमको बता इसका सबब
अश्क क्यों देता है आँखों में ख़ुशी के साथ साथ

ज़िन्दगी जो 'शेष' है वो चैन से कट जाएगी
हम रहेंगे बज़्मआरा[4] शायरी के साथ साथ

---

1. निस्पृहता 2. दिव्य-दृष्टि 3. हर शय को बनाने वाला 4. बज़्म में

76

लोग थे ख़ामोश तो कोई ख़ता उनकी न थी
बेकसी रुख़ पर मेरे ही ठीक से उभरी न थी

अश्क आँखों में नहीं थे होंठ बे-जुम्बिश रहे
इस तरह तो तर्जुमानी दिल की हो सकती न थी

मेरी हर उस बात पर तुम मुस्कराते थे, जिसे
हम बहुत अच्छी समझते थे मगर अच्छी न थी

आज फिर सुनते रहे हम वो कहानी सुब्ह तक
जो शुरू होकर हर इक शब ख़त्म होती ही न थी

ग़ौर से चेहरा तेरा देखा तो आया ये यक़ीन
चाँद अह्ल-ए-हुस्न है ये बात तो सच्ची न थी

पी के सब आँसू अकेले आप उठे और चल दिये
इस तरह तौहीन मेरी प्यास की करनी न थी

मौत की दहशत के मारे जाने कितने मर गए
वो भी उस कश्ती के नीचे, जो कभी डूबी न थी

77

सहरा की ज़िद ही इतनी तूफ़ानी थी
गिर्द सराबों की बस्ती बस जानी थी

दिन भर धूप जहाँ थी सोये वहीं मगर
डूबे सूरज से गर्मी कब आनी थी

सोच रहा था वो भी बुत बन जायेगा
पत्थर की ख़्वाहिश में बेईमानी थी

सूखा दरिया भी एहसास कराता है
उसमें भी इक दिन भरपूर रवानी थी

मैंने अपनों को सचमुच अपना माना
अब लगता है वो मेरी नादानी थी

मेरी जानिब देखा, रंग पड़ा नीला
आसमान की रंगत पहले धानी थी

कैसे समझूँ तू ग़मगीं था या ख़ुश था
तेरी हँसती आँखों में तुग़ियानी थी

78

बुनेंगे एक हम चादर हवा की
कहेंगे फिर उसे ये है वफ़ा की

मेरे अंदर उतर कर मुझको ढूँढ़े
जिसे भी जानकारी हो ख़ला की

ख़ुदा लिख दे मेरी तक़दीर फिर से
घटा दे थोड़ी सी मुद्दत सज़ा की

यही था याद करने का वसीला[1]
हमारे दर्द–ए–दिल की क्यों दवा की

तुम्हारा शुक्रिया करता हूँ क़ातिल
ज़रूरत थी वलद[2] को ख़ूंबहा[3] की

मेरे दिल में मकीं हो इतने हक़ से
ज़रूरत भी नहीं समझी रिज़ा[4] की

भले है दुश्मनी दाइम[5] उसी से
चराग़ों को ज़रूरत है हवा की

---

1. वसीला – माध्यम 2. वलद – पुत्र, 3. ख़ूंबहा – क़त्ल के इवज़ में क़ातिल द्वारा दी जाने वाली रक़म 4. रिज़ा – सहमति 5. दाइम – स्थाई

79

किसी ख़ुद्दार का इमदाद की फ़रियाद कर लेना
है जैसे भूल कर ख़ुद को ख़ुदा को याद कर लेना

जो हमको भूलने से मुश्किलें आसान हो जाएँ
तो उन आसानियों से ख़ुद को तुम आबाद कर लेना

महल जो शादमानी का तुम्हें ता'मीर करना हो
तो अपने ग़म, मेरी ख़ुशियों को तुम बुनियाद कर लेना

करें मिस्मार क्यों ख़ुद को किसे है फ़िक्र दुनिया में
मुनासिब भी नहीं है ख़ुद को यूँ बर्बाद कर लेना

मेरे शिकवे गिले सब भूल जाना शादमां होकर
हर इक वादे से अपने आप को आज़ाद कर लेना

बदन बेशर्म भर देता है सारे ज़ख़्म कुछ दिन में
नया ढब ज़ख़्म देने का कोई ईजाद कर लेना

हमारी मौत पर रुसवा न कर दे ये जहां तुमको
बहाकर अश्क झूठे ख़ुद की तुम इमदाद कर लेना

80

ग़म देने में जो कंजूस रहा होगा
वो इसका सरमायादार बना होगा

दाग़ उभर आये हैं तेरे चेहरे पर
आज किसी ने तुझको चाँद कहा होगा

मेरा हिलना डुलना भी नामुमकिन है
उसने अपने दिल पर हाथ रखा होगा

जाने कैसे इतने लोग हुए घायल
ज़द पर तो बस मेरा जिस्म रहा होगा

अपने अपने ग़म आओ यकजा कर लें
मिलजुल कर ही सह लें तो अच्छा होगा

व्यर्थ हुई दस्तक तो समझाया ख़ुद को
रोते रोते वो थक कर सोया होगा

घूम घाम कर रुक जाएगी जब धरती
उस पल अम्बर से इसका मिलना होगा

81

बात उठी जब उसके खारे पानी की
सागर ने अपनी फ़ितरत तूफ़ानी की

क़ुदरत का हर दाँव हमारे हक़ में था
हार गए जब हमने बेईमानी की

शरमाई तो बादल को ही ओढ़ लिया
सूरत उसमें जब उभरी उरियानी की

मिलकर ख़ुश हो ये तो मैंने मान लिया
वज्ह बताओ आँखों में तुग़ियानी की

जाते जाते उसने मुड़कर देखा था
हमने वो सूरत रख ली सैलानी की

इनके आज सवाल निरुत्तर करते हैं
जै हो नन्हें बच्चों की नादानी की

हँसते हँसते संजीदा हो जाते हो
हद क़ाइम है क्या लुत्फ़े लासानी की

82

मैं हूँ दीपक और इक तूफ़ान हो तुम
क्यों मेरी हिम्मत पे यूँ हैरान हो तुम

प्यार और मुझसे! बहुत नादान हो तुम
एक मुफ़लिस के यहाँ मेहमान हो तुम

सुन रहा है देर से जिसको ज़माना
वो कहानी है मेरी, उन्वान हो तुम

कौन समझेगा तसव्वुर को तुम्हारे
थरथराते होंठ की मुस्कान हो तुम

झूठ-सच की बात तुम पर छोड़ता हूँ
मैं तो कहता हूँ, मेरा ईमान हो तुम

हँस दिया तो हाल क्या होगा तुम्हारा
मुस्कराहट पर ही जो क़ुर्बान हो तुम

पाँव के छाले हँसे जब राह बोली—
मेरी फ़ितरत से अभी अंजान हो तुम

83

बहुत आसान है सब के लिए, मग़रूर हो जाना
मगर मुश्किल है अपनी शख़्सियत से दूर हो जाना

हक़ीक़त से तो मजबूरी में आँखें फेर लेते हैं
मगर कैसे सहें ख़्वाबों का चकनाचूर हो जाना

तुम्हारी दोस्ती का लुत्फ़ छिन जाने से डरता हूँ
तुम्हें मसरूफ़ कर देगा बहुत मशहूर हो जाना

मेरे हालात पर समझे न दुनिया बेवफ़ा तुमको
दिखावे के लिए ही तुम ज़रा रंजूर[1] हो जाना

सराहा जायेगा, तेरा बग़ावत करके दुनिया से—
किसी ग़ुर्बतज़दा की माँग का सिंदूर हो जाना

हरा रखने की ज़िंद में ख़ुद कुरेदा था जिसे पैहम
मुझे अच्छा लगा उस ज़ख़्म का नासूर हो जाना

सुलगते मुझको सोज़े ग़म से देखा था सभी ने पर
कोई देखे मेरा पत्थर से कोहेनूर हो जाना

1. रंजूर – दुखी

84

पर्वत हमारी पीर का आख़िर पिघल गया
आँखों से आबशार की सूरत निकल गया

कू-ए-ख़याल[1] से तेरे गुज़रे जो बार बार
ख़्वाबों के साथ साथ तसव्वुर[2] बदल गया

जब शादमानियों[3] से रफ़ाक़त[4] हुई शुरूअ
बैरी नसीब फिर से नयी चाल चल गया

कामिल[5] तो माहे-इश्क़ को होना था आख़िरश
सूरज अना का सामने उसके जो ढल गया

ऐसी है शै हसद[6] कि फराहम जिसे हुई
बिन आग बिन धुआँ ही वो इंसान जल गया

जुगनू को हक़ है ख़ुद को नुमायाँ किया करे
बस ये बयान मेरा अँधेरे को खल गया

ज़ह्नी-तवाज़ुन[7] आज था मुंसिफ़ का कुछ ख़राब
हक़ में हमारे फ़ैसला होना था, टल गया

---

1. विचारों की गलियाँ 2. कल्पना 3. ख़ुशियों 4. दोस्ती 5. पूर्ण 6. ईर्ष्या 7 मानसिक संतुलन

85

घर जब धीरे धीरे मरने लगते हैं
दीवारों पर अक्स उभरने लगते हैं

शक्ल तसव्वुर में होती है जो रंगीन
उसके सारे रंग उतरने लगते हैं

कोशिश करते हैं जीवन में रंग भरें
पर हालात सियाही भरने लगते हैं

अपनी ख़ुद्दारी के पर अपने हाथों
हम होकर मजबूर, कतरने लगते हैं

औरों के डर का बाइस बनते हैं जो
वो अपने साये से डरने लगते हैं

सुनने लगता है जब जिस्म सदा-ए-रूह
हम भवसागर-पार उतरने लगते हैं

हुस्न-ओ-इश्क़ का जब संगम हो जाता है
चेहरे अपने आप निखरने लगते हैं

86

चाँद पर उभरी निशानी देखिए
फिर हक़ीक़त की कहानी देखिए

आपने मेरी हँसी तो देख ली
अब मेरी आँखों में पानी देखिए

छोड़िए ना आँसुओं का चीखना
आप मेरी बेज़ुबानी देखिए

आख़िरश ये हसरतों में ढल गयीं
ख़्वाहिशों की जाविदानी देखिये

अज़्मते इंसान ही मख़्सूस[2] है
जिस्म की क्यों नातवानी[3] देखिए

जानना हो ज़िन्दगी का फ़लसफ़ा
पाँव का हर नक़्श-ए-फ़ानी देखिए

हुस्न की ख़ामोशियाँ हैं बेतलब[4]
रुख़ पे तारी शादमानी देखिए

---

1. मख़्सूस – महत्वपूर्ण 2. नातवानी – दुर्बलता 3. बेतलब – अनिच्छित

87

ज़िन्दगी कैसे कटे ऐ ज़िन्दगी तेरे बग़ैर
दिल्लगी करने लगी है हर ख़ुशी तेरे बग़ैर

कोशिशें तो कीं उजाले के लिए सूरज ने पर
हो नहीं पाती है घर में रौशनी तेरे बग़ैर

तेरा चेहरा देखकर ही फूल खिलते थे जहाँ
उस चमन में है फ़सुर्दा हर कली तेरे बग़ैर

मेरे घर में टूटकर बिखरे हैं आईने कई
और हर टुकड़े में है सूरत तेरी तेरे बग़ैर

बारहा अब इक सवाल आने लगा है ज़ह्न में
क्या ज़रूरत है हमें अनफ़ास की तेरे बग़ैर

हँस रहा हूँ आज अपनी बेबसी को सोच कर
ये भी इक तर्ज़-ए-ख़ुशी दिल को मिली तेरे बग़ैर

दिन पहाड़ों से लगे रातें सुरंगों की तरह
ज़िंदगी की राह है मुश्किल भरी तेरे बग़ैर

88

इश्क़ ज़ेरे समुन्दर नदी की तरह
चाँद के साथ है चाँदनी की तरह

ख़्वाहिशों का जहां में कहाँ अंत है
ये हैं सहराओं में तिश्नगी की तरह

नेक इंसान नेमत का है मुस्तहक़
बंदगी हो अगर बंदगी की तरह

मौत का दिन है तय तो मरें रोज़ क्यों
ज़िंदगी को जियें ज़िंदगी की तरह

रूह का नूर जब हो नुमायाँ तो फिर
तीरगी भी लगे रौशनी की तरह

ख़ैर मक़दम करूँगा तुम्हारा मगर
शर्त ये है कि आओ सफ़ी[1] की तरह

फ़र्ज़ को बोझ कहना मुनासिब नहीं
है इबादत की ये पेशगी की तरह

---

1. सफ़ी–सच्चा

89

देखता जा आसमां अब तू मेरी परवाज़ को
बाहों में भर लेगा ख़ुद अंजाम इस आग़ाज़ को

वक़्त की सब गर्द मैंने तन से अपने झाड़ दी
सुर नये दूँगा अब अपने हर पुराने साज़ को

दोस्तों और दुश्मनों को ख़ूब हमने पढ़ लिया
ये पढ़ेंगे अब हमारे मुख़्तलिफ़[1] अंदाज़ को

फ़र्ज़ मैं अपने निभा पाया न जाने किस तरह
भूल पाऊँगा ख़ुदा कैसे तेरे एजाज़[2] को

जान कर अंजान रहता हूँ तसव्वुर से तेरे
कौन पोशीदा रखेगा यूँ किसी के राज़ को

दिल न जाने किसलिये मायूस रहता है बहुत
सुन लिया है जब से इसने रूह की आवाज़ को

और ऊपर उड़ रहें हैं खौफ़ से सारे उक़ाब
पंछियों ने कर लिया क्या दोस्त तीरंदाज़ को

1. मुख़्तलिफ़–अलग, भिन्न 2. एजाज़–चमत्कार

90

मंज़िलें और रास्ते सब हैं मुसाफ़िर के लिये
हाँ, मगर है ज़ौक़ इनका नेक आबिर[1] के लिए

हम भी हैं दुनिया की इक शय और दुनिया हमसे है
जैसे हर जिस्म-ए-अनासिर है अनासिर के लिये

अब मुनासिब हैं नहीं या रब ये दक़ियानूसियाँ
क्यों नहीं हमको बनाया दौरे-ए-हाज़िर के लिये

सूरतें जो थीं तसव्वुर में, मुजस्सम हो चुकीं
एक रख ली है बचा कर वक़्त-ए-आख़िर के लिये

हर तशद्दुद का सबब होती है ख़ुद्दारी मेरी
आपकी मर्ज़ी, लड़ें हीरे जवाहिर के लिये

ज्ञान की गंगा में ग़ोते ही से फ़ुर्सत है नहीं
अहमियत क्या मालो ज़र की हम से साबिर[2] के लिये

दिल में ही जब है ख़ुदा, दैरो हरम का क्या करूँ
ये ज़रूरी हैं जहां में सिर्फ़ काफ़िर के लिये

---

1. आबिर - पथिक 2. साबिर - सहिष्णु, ईश्वरेच्छा पर निर्भर

91

बाइस[1] उदासियों का मुझे क्यों कहा नहीं
मैं कैसे मान लूँ की है मुझसे ख़फ़ा नहीं

आया तो था मनाने मगर हो गया ख़फ़ा
ये रंग दोस्ती का अभी तक गया नहीं

जिससे न थी उमीद, चला आया लौटकर
हैरतज़दा हूँ कोई गिला क्यों किया नहीं

ऐजाज़[2] ही कहेंगे जो चारा बग़ैर भी
होकर मरीज़-ए-दिल वो अभी तक मरा नहीं

इस तर्ह ज़िन्दगी ने सताया था शख़्स को
वक़्त-ए-नफ़सशुमारी[3] वो बिल्कुल डरा नहीं

काफ़ूर हो गया जो सुकूं चैन आपका
उसका सबब हैं आप कोई दूसरा नहीं

मुतअस्सिर[4] आख़िरश[5] हुआ रूदाद[6] से मेरी
लेकिन यक़ीन आज भी उसको हुआ नहीं

---

1. बाइस - कारण 2. ऐजाज़ चमत्कार 3. नफ़सशुमारी - साँसें गिनना 4. मुतअस्सिर - प्रभावित 5. आख़िरश - अन्तत: 6. रूदाद - कहानी

92

ख़ौफ़ का हर एक पसमंज़र निकालें
ज़ह्न में बैठे हुए सब डर निकालें

घुट रहा है दम हमारे भीतर इसका
रूह को अब जिस्म से बाहर निकालें

बढ़ गया है दायरा परवाज़ का जब
तो परिंदे भी नये कुछ पर निकालें

आपका मक़्सद जो पूरा हो गया हो
बा सलीक़ा पीठ से ख़ंजर निकालें

दरमियां दीवार उठानी ही पड़े तो
ये ज़रूरी है कि उसमें दर निकालें

संगदिल को टूटना ही था तो टूटा
आइये अब जिस्म से पत्थर निकालें

जांकनी[1] में हम पड़े हैं, अब तो अपनी
सीप सी आँखों से कुछ गौहर निकालें

---

1. जांकनी – मरणासन्न अवस्था

93

तड़प रही है मेरी जान जिस ख़ुशी के लिए
उसे पता है मैं ज़िंदा हूँ बस उसी के लिए

जलाओ सारे चराग़ों को साथ ही रख कर
यही रवा है तले उनके रौशनी के लिए

तुम्हें यक़ीं है अगर मौत है मेरी मंज़िल
तो साथ साथ चलो मेरी रहबरी के लिए

मैं चाहता हूँ तुझे इफ़्तिख़ार[1] हो ख़ुद पर
मुफ़ीद है तेरे एहसासे कमतरी के लिए

जुदा किया है तुम्हीं ने ही रूह को मुझसे
है मुझमे जान कहाँ जान! ख़ुदकुशी के लिए

भले बुरे का हिसाब इस जहां में ही होगा
ये बात ठीक है लेकिन किसी किसी के लिए

1. इफ़्तिख़ार – विश्वास

94

जीने का अंदाज़ बदलने वाला हूँ
अपनी ही फ़ितरत को छलने वाला हूँ

मेरे दुश्मन भी अब ख़ुश हो जायेंगे
अपने सारे राज़ उगलने वाला हूँ

दरिया! अपनी गहराई पर फ़ख़्र न कर
मैं तेरी लहरों पर चलने वाला हूँ

मेरे अंदर जो इक आग दहकती है
मैं उसमें चुपचाप पिघलने वाला हूँ

धीरे धीरे सारे आँसू पी डाले
दर्दो ग़म को अब मैं खलने वाला हूँ

औरों की बैसाखी बन कर ख़ूब चला
अपना जिस्म उठाकर चलने वाला हूँ

पिघला हूँ जिसकी चाहत की शिद्दत से
उसके ही साँचे में ढलने वाला हूँ

95

रौशनी ही रौशनी आँखों में है
वक़्त मर्ग[1] इसकी ख़ुशी आँखों में है

हर बचश्मेनम[2] को तस्कीं[3] दे ख़ुदा
इनका सच मेरी खुली आँखों में है

सरनिगूँ मह्वे[4] दुआ हैं लोग सब
हर दुआ इनकी मेरी आँखों में है

रो रहे हैं लोग, मैं हूँ बेख़बर
जाने कैसी बेहिसी[5] आँखों में है

ज़िंदगी में जो किया अच्छा बुरा
हर बदी नेकी मेरी आँखों में है

साफ़ दिखलाई पड़े चेहरे मुझे
इस क़दर पाकीज़गी आँखों में है

नर्म हाथ आकर इसे कर दें रिहा
मुस्तरक़[6] जो ज़िंदगी आँखों में है

---

1. मर्ग – मौत 2. बचश्मेनम – नम आँख वाले 3. तस्कीं – सुकून 4. सरनिगूँ मह्वे दुआ – सर झुका कर दुआ माँगते हुए 5. बेहिसी – संज्ञा शून्यता 6. मुस्तरक़ – क़ैद

96

ख़्वाब में पूरी कहानी हो गयी
और हक़ीक़त बेम'आनी हो गयी

थक गयी वो ख़ुशबुओं की खोज में
और ख़ुद ही रातरानी हो गयी

मुस्तहक़[1] जो थे वो सब ख़ामोश थे
और मुझसे हक़ बयानी हो गयी

मुतमइन[2] था मैं भरोसे पर तेरे
बस यही तो बदगुमानी हो गयी

पढ़ के मेरी शिद्दते तिश्नालबी
रेत पिघली और पानी हो गयी

मुस्कराया देखकर वो जब मुझे
उसके दिल की तर्जुमानी हो गयी

प्यास का पैकर समुंदर बन गया
रायगाँ सब बेकरानी[3] हो गयी

---

1. मुस्तहक़ - हक़दार 2. मुतमइन - आश्वस्त 3. बेकरानी -असीमता

97

ये याद रखना तुम्हारे दिल की कसक रहा हूँ
जो आज पलकों से अश्क बन कर ढलक रहा हूँ

तुम्हें तमाज़त में देखना सह नहीं सका मैं
सो छाँव बन कर तुम्हारी जानिब सरक रहा हूँ

तुम आसमां के धनक पे मुझको चढ़ा के देखो
मैं इन्द्र के तीर सा कमां में चमक रहा हूँ

अभी अभी मेरे दिल से होकर गया है कोई
मैं उसकी आमद की रौशनी से दमक रहा हूँ

जो तुम सुनाओ बना के कोई नया तरन्नुम
तो मुस्कराऊँ, न जाने कब से सुबक रहा हूँ

तुम्हारी आँखों से मय के प्याले छलक रहे हैं
नज़र बचाकर मैं पी रहा हूँ, बहक रहा हूँ

न रो मेरे मन अभी अभी तो जुदा हुए हैं
मैं लम्स[1] की ताज़गी से उसकी महक रहा हूँ

---

1. लम्स – स्पर्श

98

मैं गिला कैसे करूँ तेरी जफ़ा का
दर्जा तुझको दे चुका हूँ जब ख़ुदा का

ज़िन्दगी जीना बहुत मुश्किल नहीं है
क्यों करूँ मैं इंतज़ार आख़िर क़ज़ा[1] का

मान लेता हार अपनी बेतशद्दुद
ज़िक्र तूने बेसबब छेड़ा अना का

काट मत दरिया तू अपने ही किनारे
मान करना सीख तू इन की वफ़ा का

लिख ही दूँगा मैं अगर कश्ती पे 'पानी'
क्या बिगड़ जायेगा इससे नाख़ुदा का

सुर्ख़ आरिज़, बाल गीले, लब गुलाबी
ज़ह्न में चेहरा है उस नाआश्ना का

सिसकियाँ शहनाइयों की सुन रहा हूँ
इम्तिहां है वक़्त-ए-रुख़्सत भी बला का

1. क़ज़ा- मौत

99

नसीब अपना नहीं जिसको पता है
वो औरों के मुक़द्दर बाँचता है

मेरे आँगन में धूप आती है ऐसे
कि जैसे वो नवेली ब्याहता है

हवा फिरती है हर सू पागलों सी
कि जैसे उसका बेटा लापता है

कोई तो बात है जो चाँद ऐसे
छुपाने को हँसी मुँह ढाँपता है

सफ़र कितना है लम्बा ज़िंदगी का
जो सूरज रोज़ इसको नापता है

सताया हो जिसे तन्हाइयों ने
वही तो खाइयों को पाटता है

बनाता है जो औरों की रज़ाई
बरहना[1]-जिस्म जाड़ा काटता है

---

1. बरहना-जिस्म - नंगे बदन

100

तुम्हारा मुझ पर निसार होना, कोई सुनेगा तो क्या कहेगा
बबूल का सायेदार होना, कोई सुनेगा तो क्या कहेगा

मेरे तसव्वुर को तेरी यादें, जो बारहा गुदगुदा रही हैं
यूँ हिज्र का ख़ुशगवार होना, कोई सुनेगा तो क्या कहेगा

तुम्हारी ग़ुस्से में सुर्ख़ आँखें, भरी हैं क्यों आँसुओं से आख़िर
ये आग पानी में प्यार होना, कोई सुनेगा तो क्या कहेगा

हमारे शाने पे सर रखा तो बरस पड़ीं क्यों तुम्हारी आँखें
यूँ झील का आबशार होना, कोई सुनेगा तो क्या कहेगा

क़रीब आने पे धड़कनें क्यों, तुम्हारी इतनी बढ़ी हुई हैं
यूँ दिल का बेअख़्तियार होना, कोई सुनेगा तो क्या कहेगा

जिसे लगाया गले से तुमने वो मेरी पुरसिश को आ रहा है
रक़ीब का ग़मगुसार होना, कोई सुनेगा तो क्या कहेगा

भुला के नाराज़गी जो मैंने, गले लगाया तो हँस के बोले
कि एक दिन तो ख़फ़ा रहो ना, कोई सुनेगा तो क्या कहेगा

❑❑❑